第一章　擦り切れた背表紙

健さんの「図書係」

昭和三十一（一九五六）年のデビュー以来、背広姿のサラリーマンなど明るい好青年を演じてきた高倉健《たかくらけん》に、内田吐夢《うちだとむ》監督作品『森と湖のまつり』（一九五八）への出演が決まった。原作は武田泰淳《たけだたいじゅん》、北海道・阿寒《あかん》の雄大な自然を背景に、健さんが亡《ほろ》びゆくアイヌのために闘う主人公を演じる物語である。

当時六十歳だった内田監督は、『人生劇場』（一九三六）、キネマ旬報ベスト・テン第一位となった『土』（一九三九）、『大菩薩峠《だいぼさつとうげ》』（一九五七）など、数々の骨太の作品を残していた。

この映画で健さんは、徹底的にしごかれた。

クライマックスは、健さんが演じるアイヌの青年の怒りが爆発するシーンである。

映画監督の内田吐夢さん、右は健さん
昭和38（1963）年（朝日新聞社）

ところが内田監督は、何度テストをしてもＯＫを出してくれない。あれこれ文句を言い、

「どうせできないだろうが、もう一度、やってみろ」

監督はよその方を向いてしまう。その挙げ句、

「お前、その手は何だ。お前の手は、アイヌ民族の悲哀を背負って、荒野を駆ける若者の手じゃない」

何をやっても大声で怒鳴られて、とにかく追い込まれた。健さんがカーッとなり、思わず握り拳《こぶし》を作った時、カメラが回った。監督は本気で怒るのを待ち続けていたのだ。出来上がったフィルムを見た時、健さんは驚きを隠せなかった。怒りを爆発させる自分が映っていた。


「時間があったら活字（本）を読め。活字を読まないと顔が成長しない。顔を見れば、そいつが活字を読んでいるかどうかわかる」

仕事を離れた時、内田監督はこうアドバイスをしてくれた。

□

健さんは読書家であった。

私が『図書係』の役目を任された一九八〇年代後半は、インターネットで簡単に本を入手することなどできなかった。

新聞に掲載された書評や出版社の広告を見た健さんは、そうした新刊本は自分で探す。

問題は絶版となった古本探しだった。

電話をもらうや、私は神保町《じんぼうちょう》の古本屋街をくまなく歩く。しかしこれが容易なことではない。

歴史・美術などの専門書から児童書・文庫・漫画まで、あるわ、あるわ。ところが、やっと見つけた推理小説の下巻しか棚にない、という皮肉。

夕暮れが近づいた頃、昭和三十年に開店した神保町のレトロな喫茶「さぼうる」で戦利品をパラパラと確認するのが至福の時であった。

歩いて歩いて、本がない時は知り合いがいる版元（出版社）に電話するか、知り合いがいない場合は本の著者へ直接連絡をする。

『杖道自戒《じょうどうじかい》』は著者・西岡常夫《にしおかつねお》さん本人と交渉。

杖道とは長さ四尺二寸一分（一二八センチ）の白樫《しらかし》でできた杖《つえ》を使用する武道で、相手を傷つけずに制する技をいう。

「フリーライターの谷《たに》と申します。本を探しています」

「私の本を女性が読むのは珍しい。ぜひ、お顔を見せてください」と言われ、「実は読まれるのは高倉健さんです」と答えた。

相手の喜びようは半端ではなかった。

「高倉さんによろしくお伝えくださいますように。いつでも指南に参じます」

そのままを健さんに伝えると「嬉《うれ》しいね」と満面の笑み。

あの頃の健さんは撮影が終わると、友人知人にも告げずにふらりと海外に出かけてしまうことがあった。

実はスペインまで出かけ、闘牛を観戦するほどのファンであったようだ。

ある時、探していた本が『さもなくば喪服を　闘牛士エル・コルドベスの肖像』（ラリー・コリンズ、ドミニク・ラピエール）。闘牛界の裏側までも描き尽くしたノンフィクションである。

一九六〇年代、数々の任侠《にんきょう》映画に主演してスターとしての地位を築いた健さん。時代が変わるとき、人々は熱狂的にヒーローを求める。一九六〇年代のスペイン人にとって、それは闘牛士エル・コルドベスだった。

この時は都内の図書館で本を探した。日比谷図書館にあった。健さんに早く届けたいと思い、午前中に本を借りた。

このスポーツノンフィクションは、有名闘牛士の半生を描いた五百ページ近い長編であったため、私は一九六〇年代のスペインの闘牛とは何だったのか、人々は何故そこまで魅せられたのか、狂気の闘牛士は観衆に何を見せつけていたのか……。その章を選んで、館内でコピーしようと考えた。

しかし、懸命に文字を目で追っていると、いつの間にか後ろに長蛇の列ができていた。汗は出てくる、コピーは進まず。「すみません」と言って列の最後尾に並び直すこと幾度か。

昼時になれば少しは空《す》くかと思ったが、それは甘かった。仕方なく、地下の食堂へ降りて日替わり定食を食べてから最後尾に並ぶ。こうして一日が過ぎ、赤坂《あかさか》にある健さんの事務所に駆け込んだのは午後五時過ぎだった。

翌日の午前中、健さんから電話があった。

「コピーを取ってくれたんだ。ありがとう。ご苦労様〜」

健さんは話がある時には、「珈琲《コーヒー》を飲もう」と電話をしてくる。場所は品川《しながわ》駅から歩いてすぐのグランドプリンスホテル高輪《たかなわ》の「ラウンジ光明」。待ち合わせは午後二時頃。高い天井とゆったりとしたテーブルの間隔。大きな窓の向こうには鯉が泳ぐ池もあり、健さんはこのラウンジを気に入ったのか、一昔前に利用していた乃木坂《のぎざか》や青山《あおやま》のカフェへ行くことはなくなっていた。

私が先に着き好きなものをオーダーしている。そこへ健さんは大きな紙袋を下げて来る。今日は何が入っているのだろう？　私が首を長くして中を覗《のぞ》き込もうとする。

「いつも車ばかりに乗ってフラフラしているように思われるけれど、結構、仕事のオファーがあるんだよ。見てくれよ。次の映画の原作本が、今日も届いたんだ」

中を覗けば凄《すご》い冊数。同じタイトルの本が二十冊。

「まだ何も決めていないのに、演《や》るとも言っていないのに、『読んでください』と。谷！　何冊、欲しい？」

「お言葉に甘えて二冊」

「それでいいのか？　読み終えたら感想を聞かせてくれよ」

結果は五冊、持たされた。健さんとの映画作りを首を長くして待っている活動屋（映画スタッフ）たちに渡せば喜ぶに違いないとバッグにしまった。


健さんは慎重に作品を選ぶことで知られていた。

角川映画のKプロデューサーから、「これ、健さんに渡してください。こんな映画が作れたら僕は死んでもいい」と言いながら、『モンタナ・ジョーの伝説　マフィアの大幹部になった日系人』を渡された。

Kさんの言葉をそのまま添えて健さんに手渡した。

読み終えた健さんは、「モンタナ・ジョーの本名は衛藤《えとう》、健。縁を感じるよ」とほほ笑んだ。

マフィア映画といえば、健さんがもう何回観たかもわからない程の名作が『ゴッドファーザー』（一九七二）である。

映画の中で、マフィアの大立者《おおだてもの》ドン・コルレオーネがオレンジの皮をマウスピースのようにくわえて孫とたわむれる場面がある。冷血なドンが孫の前で見せる別の顔。作品はマフィアの抗争を描き、家族愛もテーマとした。

『モンタナ・ジョー』はカリフォルニアに教会を建て、当時〝よそ者〟と蔑《さげす》まれ差別の中にあった日系人の救済に尽力した聖職者の父と、ギャングになった息子の物語である。純血を重んじるイタリアン・マフィアの世界で大幹部にまで出世した唯一の日系人。

健さんはこの親子の数奇な運命に興味を示した。著者はアメリカ在住の村上早人《むらかみはやと》さん。

ある日、健さんから、「（著者の）村上さんに会って話を聴いてごらん」と言われた。この話の流れになれば「映画にしてもいいね」という気持ちが籠《こ》められているのだ。

コマーシャル撮影で健さんと訪ねたロサンゼルスで、村上さんに連絡を取れば入院中であった。その後、東京に戻った私に丁寧なお詫《わ》びの手紙と電話をくださった。これも健さんに逐次連絡した。

「モノにはタイミングがあるからね」といつもの慌てない健さんだった。

図書係の仕事と平行して、有り難いことに健さんへの取材、ライターとしての仕事も途切れなかった。

自分の目で見て、感じるものを書け、と健さんは言う。

人生経験が浅く、映画は素人の私。まとめた原稿は健さんに見てもらった。

映画『海へ　See you』（一九八八）を撮影していた頃の話である。

この映画の取材は「どこでもOK」と健さんから許され、イタリア、フランス、チュニジア……を訪ね歩いていた私に健さんから提案があった。

「これまでの取材原稿を読ませて欲しい。できれば最終ロケ地がいい」


北欧はフィンランドのロヴァニエミ。サンタクロースの発祥の地であり、雪のシーンを撮影するために選ばれた土地だった。

私は原稿を持ってフィンランドに到着。空港で、俳優・池部良《いけべりょう》さんとばったり。

これまでに幾度も『昭和残侠伝』で拝見していた池部さんから、

「いらっしゃい」と挨拶された。それだけではない。

「もう使わないから、これあげるよ」

ポケットから小銭入れを出すと、私の掌《てのひら》にジャラジャラジャラジャラと、フィンランドのコインと数枚のお札が載った。

これは有難かった。私は、早速、喉の渇きを潤すための飲み物を調達した。

宣伝部の車に乗ってロケ現場に到着。

すると雪煙を上げてスノーモービルが近づいてきた。

いつものサングラスを掛けた健さんだった。

「遠くまでご苦労様」

窓の外は真っ白な雪景色。

珈琲を間に挟み、私の原稿を頭から通読し始める。

私は瞬きもせず、健さんを注視していた。

「この言葉は少し意味が違うと思う」

と言い、健さんが適切な言葉で直す。

「人生って八〇%は錯覚じゃないかなって、フッと思うことがあるね。

僕が今までしゃべってきたことをどう感じてくれるか、感じ方は人の数ほどある。

高倉健さん、左は著者
平成 14（2002）年、伊豆下田にて

そうした受け取り方って、その人の歩んできた道、読んできた本によって作られるんだろうね」

読み終えた原稿と共に、

「だから、本を読まなきゃ勿体ないぞ」

短い一言を返してくれた。

こうして私の読書時間は増えていった。

山本周五郎『樅ノ木は残った』『ちゃん』

沖縄の石垣《いしがき》島は、撮影を終えた健さんが誰にも告げずにふらりと出かけたり、平成十二（二〇〇〇）年の春には、船舶免許の講習を受けたりと、心をさらす場所である。

その頃、ラジオ番組の仕事でこの島を訪れた健さんが、「こんなものがあったんですよ」と赤い線をたくさん引いて、ボロボロになるまで読み込んだ本を持参した。

「南極のスコット基地には、小さなデイパック一個しか持って入れなかったんですが、この本を詰めていったんですね」

命の危険にさらされた『南極物語』（一九八三）の撮影現場に肌身離さず置いて、何度も読み返したという『男としての人生　山本周五郎《やまもとしゅうごろう》のヒーローたち』（木村久邇典《きむらくにのり》著）。

山本周五郎の過去の作品の名文句を数行ずつ抽出し、次々と紹介したいわば箴言《しんげん》集である。

時代小説を中心に、人生をひたむきに生きる人間の哀歓を描き出した山本周五郎は、健さんがひときわ好きな作家だった。

江戸時代の前期に仙台藩伊達《だて》家で起こった「伊達騒動」が題材となった小説『樅《もみ》ノ木は残った』。

そのお家騒動の悪役とされてきた原田甲斐が、実は私利私欲のためではなく、ただただ伊達家とそこに属する人々を守るために、進んで汚名を被り、そうすることで黒幕の懐深くへ入り込んだ人物だったとする長編小説である。

古くからの友人・知人は徐々に離れてゆき、次々に死に別れる事態に見舞われても、哀しみを押し殺し堪える。全ては黒幕を追い詰めるためだった……。

山本周五郎は、このように生きたいと願った理想像を、甲斐に託して描いたのだと言われている。

作品から抜粋された名文句がこちら。

火を放たれたら手で揉み消そう、
石を投げられたら軀で受けよう、
斬られたら傷の手当てをするだけ、
……どんな場合にもかれらの挑戦に応じてはならない、
ある限りの力で耐え忍び、耐えぬくのだ。

極寒の南極大陸に独り立つ健さんの背骨を支えた言葉である。

□

そしてもう一節、貧しくとも誠実に生きる家族の姿を描いた短編『ちゃん』より。

「身についた能《もの》の、高い低いはしようがねえ、
けれども、低かろうと、高かろうと、

精いっぱい力いっぱい、
ごまかしのない、嘘いつわりのない仕事をする、
おらあ、それだけを守り本尊にしてやって来た」

重吉はうだつの上がらない職人で飲んだくれの「ちゃん」だ。火鉢作りの腕は確かなのだが、時勢の移りにしたがって、需要も減ってきた。給金も少なく、妻のお直と四人の子供に貧乏暮らしを強いざるを得ない。

その上、せっかく手に入れた給金で飲んだくれ、金を使い果たしてしまった夜、「ちゃん」が家の戸口の前でくだを巻く。

「銭なんかない、よ」と重さんがひと言ずつゆっくりと云う、
「みんな遣っちまった、よ、みんな飲んじまった、よ」

この読点「、」の打ち方がいい。酒の匂いまで伝わってくるようだ。
その上、酒場で意気投合した男を家に連れ込み、その男に長男の良吉が少ない給金から

母や弟妹に買った心尽くしの品々を盗まれてしまう。

「ちゃん」は自分が嫌になり、出て行こうとした所をお直に見つかり、「貧乏でも六人が一緒に住めればいいじゃないか」と言われ、独立してがんばる決心をする。


「おめえたちは」

と重吉がしどろもどろに云った、

「おめえたちは、みんな、ばかだ、みんなばかだぜ」

「そうさ」と良吉が云った、

「みんな、ちゃんの子だもの、ふしぎはねえや」

とりわけ、要所要所に出てくる幼い娘のおしゃまで舌足らずな物言いが、なんともかわいい。

「たん」、もちろん父の意味である。

「へんな（入んな）って云ってゆでしょ、へんな、たん」

そう言って、家に入らずにくだを巻いている、呑《のん》べえの父親を家の中に入れるのだ。

そういえば健さんもよく、「へんな、たん」と口真似し、おまけに「へんな、たに（谷）」と言ったっけ。

「会話が素晴らしい。あったかいんだよなぁ」

人間の芯《しん》の部分を本は学ばせ、思い起こさせてくれる。

□

この話には、実は続きがある。

平成十四（二〇〇二）年頃だったか、私は健さんから相談を受けた。

「読ませたい人がいるから、山本周五郎さんのあの本をどこかの書店で見つけたら買っておいて欲しい」ということだった。

健さんは自分一人だけが所属する事務所の代表者で、日頃から、「若い奴を入れるほどの甲斐性《かいしょう》は自分にはない」と言っていたが、それでも健さんを慕う俳優たちは多く、仕事上の相談を受けることもあったそうだ。

彼らの悩みを解消するのに役立つだろうと考えてか、自分が感動した本や音楽のCDをプレゼントすることもあった。

前述の本探しも、「『男としての人生　山本周五郎のヒーローたち』を渡したい人がいる」というのが理由だった。

が、あいにく絶版で、古本屋をあたっても手に入らなかった。版元に掛け合うと編集部の保管用から一冊を譲ってくれた。

それからしばらくして、健さんから、「出版社にもう一度、聞いてもらえないか」と言われたが、もう在庫はなかった。

「二百冊の半分を引き取ってくれるなら増刷を考える」ということだった。

私も何とかお役には立ちたいが、本探しもそこまでのことになると判断に迷う。しかも百冊まとめて健さんに引き取ってもらうというのは気が引けたので、「僭越《せんえつ》ながら五十冊は私が引き受けますので」、そう伝えると健さんは、「何を仰《おつしや》いますか」と、にやり。

「自分が百冊引き取る。話は決まり。すぐに話を進めて欲しい」と、いつもの左肩を少し落とした背中を見せ去って行った。

そこで初めて出版社に「高倉健」の名前を出して増刷を申し入れると、編集長は驚き、「高倉さんに気に入ってもらって光栄です。この際ですから、思い切って装丁を変えましょう。高倉さんの百冊分は帯もお好きなようにしてください」と懇切丁寧な対応になった。帯にはラジオ番組で語った言葉を抜粋して使わせてもらうことにした。

家の本棚を眺めていて、擦り切れている背表紙が、目に入りました。当時、迷っていた自分が、この本の言葉に励まされ、勇気を貰っていたんだと思います。

高倉健

「増刷」した本が健さんの手元に届き、数日後、私の手元に五冊が送られてきた。一冊ごとの中表紙に「一〇一」から「一〇五」までの数字がブルーブラックのインクで記され、隣に「Ken Takakura」の刻印が押されていた。

健さんから、「五冊で間に合いますか。在庫は十分ありますよ」と版元を気取っての電話が掛かってきた。

海外から帰国しているという俳優・真田《さなだ》広之《ひろゆき》さんの名前を出して、

「今、隣にいるから、『この本を読め』って渡したところだよ」

健さんは嬉しそうに話した。

山本周五郎が描き出す人間は一歩先んずるより一歩も二歩も遅れてひたむきに生きていた。

そんな登場人物への共感が心に強く残って、健さんの骨格を作ったように思う。

檀一雄『火宅の人』

ポルトガルのサンタ・クルスは大西洋に面した小さな漁村である。人口は約二〇〇〇人。夏だけ海水浴客で賑《にぎ》わうらしいが、名所旧跡はなく普段は寂れている。

昭和五十九（一九八四）年の初夏、健さんは『むかし男ありけり』というテレビのドキュメンタリー番組の撮影でこの村を訪れた。

放浪の旅に明け暮れた作家、檀一雄《だんかずお》をテーマに、俳優一筋の健さんが自ら取材した貴重な作品である。

健さんの故郷、福岡ゆかりの作家・檀一雄の長編小説『火宅の人』。

苦しみに満ちた今の生活を、火炎に包まれた家にたとえた言葉「火宅」。

檀一雄の写しである主人公の『桂一雄』には妻と日本脳炎を患い寝たきりとなった次男

を含む五人の子があるが、酒と怠惰にまみれる日々を送り、自らの家を火宅にしているような有様だ。愛人のいる別宅、家族が住む本宅、その他あちらこちらを行ったり来たり。ひとところに留まれずに放浪を繰り返す。

そして檀は五十代の後半に、ポルトガルの海辺の村サンタ・クルスに一年四カ月逗留《とうりゅう》した。

番組は高倉健がポルトガルを訪ねて、生存者たちから檀の思い出話を聞くという企画である。

檀が絶えず通った酒場の常連客たち、スーパーマーケットや床屋の主人らは、みな檀に敬意を籠《こ》め「先生」「わが友」と呼び熱く語る。

「先生は最高の友人で、心はポルトガル人でした」

「いつも松林を散歩してましたね。松ぼっくりの香りが好きだったんです」

「もう十数年になるんですね。亡くなられても永遠の友人です」

島の貸別荘に暮らした檀は、身の周りを世話した女性をオデッ（時にはオデデ）と呼び、その人柄をこよなく愛した。

穏やかで満ち足りた日々を過ごしたサンタ・クルス。その長閑《のどか》な景色に健さんの朗読が重なる。

オデツは素っ頓狂な女で
その素っ頓狂なところが面白く愛嬌でもあった。
何はともあれオデツはお喋りで出好きで
買い物などにやるといつまで経っても帰ってこない。
子どもがないせいか犬を一匹飼っている。
そのお喋りに付き合いきれなくなったのか、
犬がオデツをおいて先に帰ってくる……。

檀さんの作った都々逸《どどいつ》には笑った。

オデデ来るかと門辺に待てど
オデデ来ねえで、犬が来る

番組はこうしたポルトガルのドキュメンタリー取材と交差するように、遺族や知人たちの檀に関する懐旧談が挟まれて、作家の生涯を浮き彫りにした。

『火宅の人』の中に印象的なシーンがある。

用事があれば妻子のいる家にも帰るのだが、子煩悩だったこともあり、小さな子供たちが無邪気に喜んで飛びついて来るのだ。帰ってきた父に、こう呼びかける。


「チチ帰った？」

「うん帰ったよ」

「もう、ドッコも行かん？」

「うん、ドッコも行かん」

「もう、ドッコも行く？」

「うん、ドッコも行く」

無垢《むく》な子と心やさしい檀さんの会話が聴こえてくるようだ。

そして健さんは、ある博多《はかた》の飲み屋の女将《おかみ》からこんな話を聞いた。

「先生は、いつも金魚の糞《ふん》のように仲間を引き連れて店に来ました。そして豪快に奢《おご》るんです」

その裏で慎ましいほどの遠慮を示して出版社に少額の借金を申し込む。波乱で破滅的だけれど、どこか憎めない。正直な人間臭さがあるからだろうか。

ところで檀一雄の長女・ふみさんは、高校在学中、女優としてデビューしている。ふみさんは、父が女優に仕向けたと語っている。気が向かなかった彼女を撮影所につれだし主演の高倉健さんと顔合わせ。

「高倉です。よろしく」と挨拶する健さんにふみさんはたちまち魅かれ、高倉健主演『昭和残侠伝　破れ傘』（一九七二、佐伯清《さえききよし》監督）が映画初出演になった。

健さんから最初に檀ふみさんの話を聞いたのは、映画『夜叉』（一九八五、降旗康男《ふるはたやすお》監督）の時だった。

この映画でのふみさんは健さん（修治）の妹・夏子だった。修治が極道の世界から足を洗い漁師になるのだが、足を洗う理由のひとつは、妹夏子が薬物におぼれ命を落としたことにあった。

どぶ川にうつ伏せになって息絶える夏子のシーンを見ていた健さんは、「ふみちゃんには死んで欲しくないんだよな」とぼそっと呟《つぶや》いた。

その真意を知りたくなり、つかず離れず健さんとふみさんの間柄を観察し続けた。が、ふみさんは撮影が終わると静かに消えてしまうのだった。

久しぶりに二人が揃ったのが、テレビドキュメンタリー番組『北海道キネマ図鑑 高倉健・冬の旅』（一九九七）。ふみさんはトークコーナーの進行役、健さんはゲスト出演だった。

明るく笑顔で場を華やかにするふみさん。時折、楽しそうに高笑いをする。

健さんはかつて、私に話してくれたことがある。

「女性の笑い声でその人が幸せかどうかわかるんだよ」

この日の健さんは快調に飛ばしている。

きっと健さんにとって心地よい笑い声であり、ふみさんが幸せな日々を送っていることを確信してのことのように思えた。

□

ふみさんが十六歳の頃、檀は、自らの不治の病を覚悟してこのサンタ・クルスの旅に赴いた如くであり、旅の終わりには発病し、床を血に塗らせて日本への帰途に就いた。帰国すると檀は東京の住まいを整理して、福岡の博多湾に浮かぶ能古島《のこのしま》に終《つい》の棲家《すみか》を構えた。

檀一雄が二十年をかけて完成させた長編小説『火宅の人』、最終章は癌《がん》になり筆を執ることが出来なくなったため、病院のベッドで口述筆記された。

その時の模様を録音したカセットテープには、末期癌の苦痛に耐えながら小説の完成に気力をふりしぼる作家の生々しい肉声が残されていた。

そのカセットテープを聞いた健さんは、こんな文章を残した。

男が男らしく生きるというのは、こういうことなのかと

『火宅の人』の口述テープを聞きながら思った。

この小説は檀さんの最後の作品だ。

喀血して九大病院に入院したとき、まだこの小説は完成していなかった。

（中略）

肺ガンの末期による激痛に襲われ、麻酔を打たなければ耐えられないのに、打てば頭がボケると拒否して、口述筆記を続けられた。

その凄まじさ、鬼神という言葉が浮かんでくる。

本当の男はこういうことだと感じた。

自分の大事をわきまえ、それに向かいあらゆるものを断ち、集中する。

僕にはできないと思った。


『高倉健　想　俳優生活五〇年』


破滅を迎えようとも我が道を突き進む作家の、「溺《おぼ》れる」という逆説的美学に、健さんは魅せられたのだろうか。

この小説を完結させた三カ月後に檀一雄は逝去した。

己の生き様すべてを紙の上に書きとどめて。

□

健さんが亡くなった翌年、生前から幾度も読み合わせた私の初めての本『「高倉健」という生き方』が刊行された。その御礼のため健さんの墓参りを計画。帰路、能古島にある檀一雄さんの碑を参拝しようと思った。

いつだったか、「能古島の檀一雄さんの家にもう一度行きたいなあ」と健さんが言っていた。

福岡市街地の姪浜《めいのはま》渡船場で、能古島から来た船が着く。さあ、乗ろうとした時、船から降りてきた檀一雄の長男、エッセイストの檀太郎《たろう》さんにばったり。以前、仕事で会っていた為、挨拶《あいさつ》を交わす。

「生憎《あいにく》、僕はこれから用事があって留守にします。家内が居るから寄ってください。家には電話しときますから」

船に乗り、檀一雄さんを想いながらシートに腰かける。海鳥が飛びかう。乗船客は地元の学生らもいる。一〇分ほどで能古島へ着いた。

船着き場にある売店のおばさんに、「檀さんの家に行きたい」と言うと、丁寧に路《みち》を教えてくれた。

海風に吹かれて歩くこと十分ほど。小高い丘の上に、檀さんの旧宅跡と歌碑が立っていた。

今ではその地に息子の太郎さん夫婦が住んでいる。

太郎さんの「寄ってください」の言葉に甘えて、私は玄関のチャイムを押した。

出てきたのは、料理研究家で知られる檀晴子《はるこ》さん。

「太郎から電話が入っています。どうぞ上がって」と言われた。

お茶の用意までしてあり、自著を渡しながら会話。

東京練馬《ねりま》区の石神井《しゃくじい》公園近くにあった自宅から移住されたのは平成二十一（二〇〇九）年。こちらでの愛犬との快適な暮らしを語ってくれた。

住まいの傍に自家菜園を作り、日々、料理を楽しんでいるという。

檀さんは夕景を眺めることがこよなく好きだった。

「太郎も舅《ちち》ゆずりで島の西海岸までこの犬《こ》と散歩して夕陽を見ているんですよ」

能古から見る太陽は糸島《いとしま》半島に落ちていく。そこには健さんの別荘があった。

檀さんと健さんの不思議な縁を感じた。

辺りが夕陽に染まり始めた頃、私は船上の人となり、

「檀流〝一所不住〟の旅、いつか、また……」

そう呟いていた。

山口瞳『なんじゃもんじゃ』

私の書棚に並ぶ本の中から、なぜか引き寄せられて手に取ってしまう一冊がある。

直木賞作家・山口瞳《やまぐちひとみ》の旅のエッセイ『なんじゃもんじゃ』。

〝昭和の弥次喜多〟旅行記とも言える作品で、終《しま》いのページを捲ると昭和四十七（一九七二）年二月の第三刷となっている（初版は昭和四十六年三月）。

ということは、この本は出版されて五十二年経っていることになる。昭和という時代の匂いが、黄ばんだページに染みついている。

実はこの本は、私が健さんから頂いた一番古い本である。

主人公の山口人見（瞳）は隣人と二人で旅に出る。男同士の旅行なのだが、隣人とはまた不可解でもある。その人は彫刻家だそうで、ドストエフスキーに似ているというので「ドスト氏」という。どうやら実在の友人らしい。

気まぐれ旅行は妻の手が届かないところに……がコンセプトのようだ。旅先では、地方競馬に興じたり、油絵を描いたり、名湯秘湯珍湯にとっぷり浸かる。気の向くまま、風まかせである。

二人は秋田美人探訪のために秋田へと向かう。しかし、若者がいないのである。冬になれば、町に住む男たちもいなくなる。半年も都会へ働きに出るのだ。二人の旅は、半世紀前の日本各地の姿を垣間見られる。

もし、秋田美人を見ようと思ったら、東京の大きなキャバレーへ行って、支配人に頼んで秋田出身のホステスを集めてもらうのが、もっとも簡単だろう。そういう世の中になってしまった。

(中略)

私たちは秋田市へ行った。

秋田市へ行けば秋田美人が見られる。そのときは、迂闊《うかつ》にも、まだそう思っていた。

「なにしろ、大鵬のオカミさんの出身地だから……。清国も秋田県じゃないかな。あれも美い《い》男だ」（著者注・大鵬は時の大相撲横綱、清国は大関）

「コイトさんとか、コセンさんというのは美人です」

その旅館の女中はそう言った。

しかし、やはり芸者は来なかった。

「いまは、いちばん閑《ひま》なときなんでしょう」

「申しわけありません」

ある時は、武田《たけだ》信玄《しんげん》の隠し湯と言われている甲州《こうしゅう》の下部《しもべ》温泉へやってきた。

肩凝症には卓効があるらしく、湯治客はぬるめの湯に三十分から一時間、長い人になると二時間も浸《つ》かっている。で、男女混浴である。

二人は湯に浸かりたいので、大浴場が空いているかどうか見てくれと頼む。

女中がもどってきた。

「見てきました。いまなら、だいじょうぶです。ヤットウのお婆さんが二人はいっているだけです」

「………」

「早く、早く」

「ヤットウってなんだね」

「やっと生きているというお婆さんですよ」

「よし」

〝ヤットウ〟というお国言葉には、得も言われぬ温もりがある。

この話に大笑いしていた健さんが、方言の思い出を聞かせてくれた。

「大学進学で上京してからは、うっかり九州弁が出ないようビクビクだったよ。でも有り金をはたいて飛び込んだ遊郭で、突然、『いや、雑誌を読んじょりました』とか出る。慌てる僕にお姉さんが東北弁で何か話してくれたんだ。なんかね、ほっこりしたことを覚えているよ」

さて、山口さんとドスト氏の気まぐれ旅は、鹿児島の屋久島へと向かった。

宮之浦には三軒の酒場があった。もっとも、一軒はバーであり、一軒はサロンであり、もう一軒はクラブであった。内容は同じだが、看板にそう書いてある。私たちは、毎晩、必ず三軒まわって焼酎を飲むことになった。

（中略）

一人の女はマンションに住んでいると言った。四畳半に、六畳二間で、浴室も便所も玄関もあると言う。この玄関があるというのが、どうもあやしい。もう一人は、家を一軒借りとるたいと胸を張った。してみると、前者は長屋ふう、後者は独立家屋ということになろうか。

滞在中は同じ飲み屋に通いつめるというのが作家の流儀。すると、その土地との親密度がぐっと増すというのだ。

やがて船便で帰ることにした二人は、岸壁で別れを惜しむ女たちに遭遇する。

もう一人は、ずっと若い女だった。彼女は倉庫のかげにかくれていたが、最後の汽笛で岸壁へ飛び出してきた。様子からして、彼女の相手が私の隣にいる。上下とも白い服を着ている男であると知れた。男は手を振るだけで声を出さない。すでにして船は岸を離れているが、女の形は、号泣に耐えているそれと見うけられた。

（中略）

だまっていたドスト氏が言った。

「島のあるところ雲あり」

「………」

「人のいるところ呑み屋あり」

船は白い波のうえに濃い影をつくって気持よく進んでいた。私もドスト氏に和した。

「男のいるところ女あり。女のいるところ涙あり」

けだし名言である。

山口瞳さんは旅を通して、時代と風土と人を見つめた。

健さんもきっと旅の鞄《かばん》にこの一冊を詰め込んでいたのだろう。

「全国をあてどなく彷徨《さまよ》い、儚《はかな》さと笑いを残してくれた。山口さんはホントにいい旅をしているよなあ」

□

酒を愛し、酒飲みにやさしいまなざしを注いだ山口瞳。気さくな人柄で住まいのある東京・国立《くにたち》の焼き鳥屋に夜毎《よごと》顔を出し、地元の人々との交流を大切にしていた。小説『居酒屋兆治』はそんな経緯から生まれた作品である。

「高倉健が演じてくれるなら」と舞台を国立から北海道・函館《はこだて》に変更することを了承し、昭和五十三（一九八三）年秋に映画が公開された。

夜な夜な店に集まる常連客による人間模様。

高倉健、大原麗子《おおはられいこ》、加藤登紀子《かとうときこ》をはじめとして、伊丹十三《いたみじゆうぞう》、田中邦衛《たなかくにえ》、池部良、平田満《ひらたみつる》、大滝秀治《おおたきひでじ》、東野英治郎《とうのえいじろう》、小松政夫《こまつまさお》、そして原作者の山口瞳と、カウンターを囲む顔ぶれがなんとも好い。

第二章　死ぬという最後の仕事

三浦綾子　最後のインタビュー

三浦綾子さんに出会った長い夜は、特別なものとして、今もはっきり思い出す。『氷点』『泥流地帯』などベストセラーを世に送り出したクリスチャンの作家・三浦綾子さん。終生離れることのなかった北海道旭川《あさひかわ》の地で「人はいかに生きるか」を問い、信仰に基づく小説や随筆など多数を生み出した。

この取材に入る私の背中を押してくれたのが他ならない健さんだった。

「綾子さんの本をすべて読んだわけじゃないけど、撮影現場で長逗留《とうりゅう》した時に縁あった本なんだよ」

映画『網走番外地シリーズ』（一九六五〜、石井《いしい》輝男《てるお》監督）の撮影中に層雲峡《そううんきょう》のホテル大《たい》雪《せっ》に泊まっていた頃の話のようだ。ホテルのスタッフが撮影のない日に読んでください、と置いていった本の中に三浦綾子さんの一冊を見つけ、その後も自分が読みたいものは購入したと言う。

私に渡された本は『塩狩峠《しおかり》』と『母』だった。

『塩狩峠』は三浦文学の中でも人気が高い。明治四十二年二月二十八日に起きた事故を題材にした作品。列車の連結器が外れ、最後尾車両が逆走。大勢の乗客の命を救うため、雪の塩狩峠で自らの命を犠牲にした若き鉄道員の愛と信仰に貫かれた生涯を描いている。

『母』は小林多喜二《こばやしたきじ》の母セキの語り口調による小説。東北の寒村に生まれ、十五歳で小林家に嫁ぎ、どんなに泣き叫んでも戻ってこない多喜二の命をずっと抱きしめていたセキの生涯を描く。

私は二冊の本を手に取ると、健さんとの珈琲《コーヒー》タイムを終えた。

□

私が中学生の頃、テレビドラマ『氷点』（一九六六）が放送されて以来、幾度か綾子さんの本を読み返し、作家・三浦綾子の世界に惹き込まれていった。

時を経て札幌の知人が綾子さんの近況を教えてくれたのは、平成十（一九九八）年の三月のこと。

「綾子さん、ご病気をされているようよ」

三月に体調が悪いと聞き、何カ月も躊躇《ちゅうちょ》してその夏にやっと手紙を書いた。

病とともに過ごされている綾子先生に会ってください、とは言えません。できることならばお見舞いをさせてください。

暫《しばら》くして返事は来た。

お手紙を拝見しました。
長くお心にかけてくださり、恐縮に存じます。
ところで「一度お時間をください」とのことですが、
私は今、難病パーキンソン病に罹《かか》っていることをご存じでしょうか。

それと診断されたのは六年前ですが、
服薬をはじめて一週間も経たぬうちに、すぐに薬の副作用が出ました。
幻覚を見るようになったのです。
それが進行して、いやなものも見えるようになりました。
着替えも寝起きも二年前からは自力でできなくなりました。
昨年はリハビリのため札幌に半年近く、そして旭川に一カ月入院しました。
読み書きも大そう困難になり、三本の連載は昨年からすべて休んでおります。
このお返事も到底自分では書けませんので三浦の代筆に頼っております。
聴力も極めて弱くなり、声も低くなり、対話もむずかしくなりました。
いろいろ回復に努めて、昨年より少しはよい面も現れて参りましたが、
インタビューとなりますと、お役に立てないことも多いのです。
今年は何とか、曲がりなりにも出来た時もありますが、
仲仲お約束ができないのです。
もう少し回復すればと思いますが、来年の春頃までお待ちいただけませんか。
ひと目会いたいというお手紙ではありませんので、

くどくど申し上げましたが、お察しいただけたら幸いです。

こんなお返事で、本当に相すみません。お体お大事に。

一九九八年一〇月二六日

三浦綾子（代　光世《みつよ》）

代筆者の光世とは綾子さんの旦那《だんな》さんである。


次の便りはすぐには来なかった。

だが、待った。

私はパーキンソン病がいかなる病いであるかを知る由もなかった。

手紙の「来年の春頃までお待ちいただけませんか」という文字だけが強烈に心に残った。

「綾子さんとの約束は必ず叶う」、そう確信したのには訳があった。

旭川に生まれた綾子さんの随筆『孤独のとなり』にこんな言葉がある。

北海道の短い夏は、あっという間に過ぎて行く。
この短い夏を、わたしは貪欲に、むさぼるように、
一日一日味わうのだ。
このひたすらな夏への愛着は、
長い冬を過ごす北国の人間の、
必然的な心理なのだ。

そして、こんな喜びも綴られている。

六月！　それはまさに、北海道に住むわたしたちにとって、
感動符をつけたくなるような光り眩ゆい季節なのだ。……
さわやかな郭公《かっこう》の声を聞きながら、
グリーンアスパラにマヨネーズをかけて食べるのも、
六月の楽しいひとときである。
すずらん狩りがあるのもこの六月である。…………

冬も好きだが、わたしは北海道の夏は日本一だと思う。

この文章に、北海道の六月、綾子さんと会うことができる、そう確信した。
やがて馬鈴薯《ばれいしょ》の白い花が咲き乱れる旭川に春がやってきた。
仕事から帰った私を待っていた一葉の葉書。

介護に追われる日々を送っていますが、
それでよろしければお待ちしています。

三浦綾子　光世

「それでよろしいです！」と独り言《ご》ち、待ち侘《わ》びた便りを手に旭川空港に降り立ったのである。
綾子さんが少しでも病状が落ち着いたからこそ手紙をくださったのだと思い、ご自宅へ向かった。

玄関が開くと笑顔いっぱいの夫君光世さんが迎えてくれた。

「遠路ようこそいらっしゃいました。綾子もすぐに参ります。さあ、こちらへどうぞ、どうぞ」

通されたリビングルームにソファがあり、その奥に机が置かれている。

リビングの左手にキッチンと食卓。

リビングの右奥には六畳ほどの和室があった。

どの部屋にも家庭的な家財が置かれていた。

光世さんの「どうぞ、どうぞ」の声掛けで私はソファに座った。

その直後、綾子さんが自分の足元を見つめ、手を引かれ近づいてくる。

後で聞けば、綾子さんの手を引く女性は新しく入った綾子さんを世話する多美枝《たみえ》さんだった。

光世さんは綾子さんの手をやさしく取りソファへ導いた。

私の身体は硬直したように動かなかった。

綾子さんは私の顔をジーっと見つめた。

私のすべてを見透かすかのような強い眼差しだった。

何かを告げようとする強い意思を放っている。

綾子さんは唐突に、

「書くことはあっても、書く身体がないんです」

残る力をふり絞るように私にその言葉を浴びせた。

その言葉を言い終わると、綾子さんはソファにゆっくりと傾いていった。

私の心はその言葉に撃ち抜かれた。

病床の綾子さんを煩《わずら》わせてまで、今、私は何をしようとしているのだろうか。

私の身体は炎に包まれたように熱くなった。


パーキンソン病に罹《かか》り、綾子さんは八年目の夏を迎えていた。

今では、手が震え、食事も思うようにできず、執筆も長い間、光世さんの口述筆記によって成り立っていたものの、それもできなくなっていたのだった。

日々の介護の手助けとなる「介護保険」が誕生するにはまだ一年の歳月を待たねばならない。光世さんが綾子さんを二十四時間、世話し見守る日々が続いていたのだ。

光世さんは綾子さんの身体を支えるように腰を下ろし話し始めた。

たぶん、これまで、訪問客が来ると、決まって聞かれることなのだろう。

光世さんの話し方には淀《よど》みがなく、しかもわかりやすいものだった。

「綾子は二十四歳で肺結核を患い、その後十三年間に及ぶ療養生活でした。特に後半の六年余りは結核菌が背骨まで蝕《むしば》む脊椎《せきつい》カリエスを併発。首から腰までギブスベッドに寝かされ、まるで身動きがとれない状態でした。そうした病床中に、綾子はクリスチャンの洗礼を受けました」

当時の結核は死を宣告されたと同じであり、死を見つめざるを得なかったこの時期こそ、その後の作家人生の原点となった。同じく敬虔《けいけん》なクリスチャンだった光世さんは寝たきりの綾子さんの回復を四年間祈り続け、昭和三十四（一九五九）年に結婚。

「綾子は徐々に回復してきました。ある日、多くの方々にキリストの教えを伝えたいと申しましてね、雑貨店を始めました」

そんな暮らしの中で、朝日新聞の一千万円懸賞小説公募に目が留まった。

「綾子は雑貨店の仕事が終わると、毎晩毎晩原稿を書き続けました。

旭川の冬は寒いなんてもんじゃない。インクも凍るほどなんですね。それをペン先でコツコツと突いて溶かしながら書いていました」

翌年、『氷点』は応募七三一編の中から見事に当選。キリスト教の「原罪」をテーマに、娘を殺した犯人の子を育てる医者夫婦。その子（陽子）はすくすくと成長し、やがて複雑に絡み合った真相が明らかになっていく。

新聞連載当時、「『氷点』読んだ？」と会話されるほどのブームを巻き起こし、綾子さんは一気に人気作家となった。

それ以降も、『塩狩峠』『泥流地帯』など、次々にベストセラー作品を世に出していく。

だが、受難は続いた。綾子さんに病魔が容赦なく襲ったのだった。五十八歳で帯状疱疹《ほうしん》に罹る。その病いの治癒から二年、綾子さんは直腸癌《がん》の診断が下され手術を行うも、その三年後に再発。その上、六十九歳の時に、運動障害が徐々に進行するパーキンソン病に侵された。

綾子さんの歴史を丁寧にわかりやすく語る光世さんの隣で綾子さんが聞き取れない言葉

を発した。

「クマ……、キタ……」

光世さんが言葉に替えた。

「何？　熊が来た？　熊は幻覚だよ。皆さんには見えないんだよ。

困りましたねえ。パーキンソン病の薬の副作用なんですね。担当医からも副作用が出るという説明は受けていました。

綾子は以前から薬の副作用が強く出るほうでしたから、心配はしていました。

『(死んだ)弟が来てくれた』とか、水道の蛇口から出る水を『体温計が出ている』とか言ってね。

『それは幻覚だよ』と説明しても聞いてはくれません。

それで、仕方なく、その薬を止めたのです」

薬を変えたせいもあってか、綾子さんの幻覚の症状は落ち着いたものの、身体を使ってできることは日に日に減っていった。

「綾子の世話をしてくれる多美枝さんが夕食の支度を終えると、夕方には帰ってしまう。

その後、私が味噌《みそ》汁を温めて夕食を始める。最初のうちは綾子も自分で箸《はし》を持って食べるんですが、そのうちに食べるのを止めてしまう。

全部食べさせるまでに長い時で四時間。昨夜は二時間半でした」

夕食のテーブルには、青菜のおひたし、たまご焼き、すいとん、ご飯一膳《ぜん》が並んでいた。

私にもデザートのアイスクリームのお裾分けがあり、

「おいしい、おいしい」と食べると、綾子さんも数匙《さじ》、口に含んだ。

夕食を七割は食べたであろうか。夜九時になっていた。

光世さんはこれ以上食べさせることは諦《あきら》めて、二人分の食器を片づけ、シンクに置いた食器洗い用のボールに水を張りそこに食器を浸《つ》けた。

綾子さんが何かを喋《しゃべ》り始めた。

「……コエ……イイ」

部屋の隅にいたカメラマンの声を褒めたのだった。

「……ウタ……」

その言葉を受けて、光世さんが、

「歌いたいのか」

微《かす》かに頷《うなず》いた綾子さんの肩を支えながら、光世さんは居間にある綾子さん専用の椅子に導いた。

歌が苦手だと及び腰のカメラマンに一曲歌ってもらった。

その後、実の祖母に、「本当に音痴だね〜」と腹を抱えて大笑いされた私も『四季の歌』を歌う。すると、カメラマンは、「ひゃっひゃっひゃっひゃっ、凄《すご》い音痴！」と笑う。

♪春を愛する人は　心清き人
　すみれの花のような　ぼくの友達

常識から言えば、「一番」まで歌い、「お粗末様でした」とマイクを置くべきであったが、私は「春・夏・秋・冬」のすべてを歌い上げた。

綾子さん、光世さんは静かに聴いてくださり、最後には、「良かったですね〜」とお褒めの言葉までくださった。

私はお二人のやさしさに触れた。

その感動に浸りながら、綾子さんの手を包み込むようにマイクを渡した。

綾子さんは細くて長い指でマイクを握る。

メロディが流れ、リズムを取るかのように身体を少し揺すり始めた。

綾子さんの姿勢は真っ直ぐに起きている。


♪糊《のり》を……

綾子さんの第一声を聞くと光世さんは、

「低いよ、もっと高く」

綾子さんは素直に聞き入れ、高い声で再び歌い出す。


♪糊を食べたら……

「そうだ、綾子、そうだよ」と励ます光世さん。

三浦綾子さん、左は夫・光世さん
平成 11（1999）年 6 月、旭川市の自宅にて

♪糊を食べたら　悪いけど
　舌を切るのはあんまりだ〜

言語障害でほとんど喋れなくなっていた綾子さんははっきりした、そして美しい声で歌い切った。

初めて聴く歌に、「この歌は？」と問うと、

「綾子が随分昔に作った歌だと聞いています。十六歳から二十四歳まで小学校の先生をしていましたが、この歌を教え子に教えていたそうです」

「舌を切られた雀よ、どんなに悲しかったか、そして命はどんなに尊いものか」

綾子さんはそうした思いをこの歌に籠《こ》めて歌ったのだろう。

その時から六十年余りの時が経っているというのに、初めて会った私たちに歌ってくださったのだ。


夜も十時になっていた。

明日、リハビリ病院へ同行することを約束し、この日の取材は終了した。

三浦綾子『塩狩峠』

旭川駅前のホテルに戻った私は健さんから渡された『母』を読み始めた。『蟹工船《かにこうせん》』で知られる作家・小林多喜二が育ったのは、貧しくとも愛情と慈しみに溢《あふ》れた家庭だった。兄弟の賑やかな笑い声、柔らかなほっぺと小さな手、それを囲む生活がいかに幸せだったか。

その要《かなめ》にいた働き者の母セキが、小さなパン屋を営んでいた頃の話である。夕方になると学校から帰ってきた多喜二も幸《ゆき》もチマも、みんな一斉に今日の出来事を話して聞かせる。

セキはそれを熱心に聞くのはよいが、店に客が来たことに気づかない。いくら呼んでも出てこないので、たまりかねた客が餅《もち》だのパンだの失敬していく。

「母さん、パン盗られた」

「母さん、餅も盗られた」

と言う。で、わだしが言うの。

「盗んだじゃないべ、なんぼか腹空かしてたんだべ」

そう言うとね、子供たちも、

「そうだなあ、そうかも知れんな。大声で喋ってて悪かったなあ」

と、みんな素直に反省するの。

でも次の日またお喋りするわけ。あの頃は楽しかったねえ。


眠気が来るまでの読書と決めていたが、眠気は飛んで、旭川の暁に目を擦《こす》っていた。今日の取材に障《さわ》ってはと思い、二時間ほどの仮眠に入った。


朝九時、三浦家を訪問。

「いくら時間がかかっても自分の足で歩いて欲しい」

とする光世さんの願いに綾子さんは一歩一歩階段を下りてくる。

パーキンソン病は手や足の震えに始まり、症状が進むと歩行困難になる。日常の基本動作を自ら行うためにリハビリは欠かせない。

今日はリハビリセンターで、体幹を鍛え手足の柔軟性を保つことを目的にした運動療法を受けるという。


綾子さんはリハビリを見守る光世さんに向かって笑顔を浮かべた。

「私は毎日、妻が健康を回復してくれるようにと祈っていますが、綾子は自分のためには祈っていないと思いますね。

綾子は以前、こんなことを言っていました。

『癌で死ぬことは好きではないが、癌になって死ぬのを嘆くのは甘えだと思う。

誰にも死は来るものです。その順序は小さな赤ちゃんが先か、お年寄りが先か……

死は誰にも公平にやってくる。

それをあたかも自分の上だけに死があるかのように騒ぎ立てるのは甘えにすぎない。

その死を感謝して受け入れたい』」

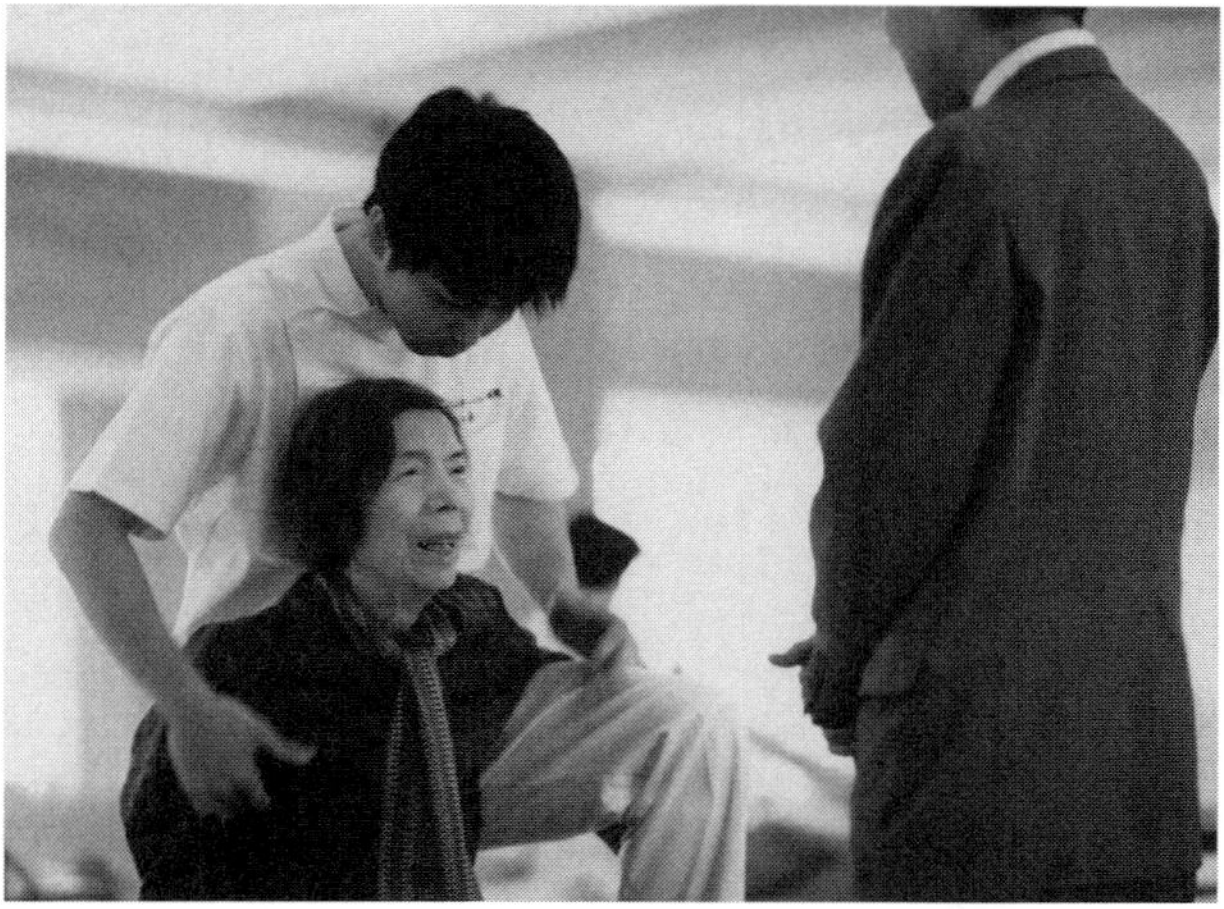

綾子さんはリハビリを見守る夫に向かって笑顔を浮かべた
（『介護読本』「婦人公論」1999 年 10 月 15 日号別冊、撮影・石動弘喜）

そう言い、光世さんは最後にこう述べた。

「とにかくもうしばらく待ってみようと思います。きっとよい新薬ができるでしょうからね」


この取材を終えた一カ月後の七月十四日の夕方、綾子さんは高熱を出し入院した。一時期はかなり回復し退院も検討されていたが、九月五日朝、食事をしようとしているところで倒れ、一時は心肺機能が停止するまでになるが、何とか小康状態を保ち続けた。その間、光世さんは病室に泊まり込み付き添っていた。


私はJR宗谷《そうや》本線の塩狩駅へ向かっていた。

列車が北海道和寒町《わっさむちょう》の塩狩峠に差し掛かると、エンジンが一段と大きくうなりを上げ、登っていく。

健さんも読み進めた小説『塩狩峠』は、暴走する客車から線路に飛び降り、その身体で車輪を止めた若き鉄道職員の生涯を描いた物語である。

列車からの景色を見渡し、私は主人公・永野信夫の言葉と姿を思い出した。

どんなことがあっても乗客を救い出さなければならない。いかにすべきか。信夫は息づまる思いで祈った。その時、デッキにハンドブレーキのあることがひらめいた。信夫はさっと立ち上がった。

「皆さん、落ちついてください。汽車はすぐに止まります」

（中略）

信夫はこん身の力をふるってハンドルを回した。だが、なんとしてもそれ以上客車の速度は落ちなかった。みるみるカーブが信夫に迫ってくる。再び暴走すれば、転覆は必至だ。次々に急勾配カーブがいくつも待っている。たったいまのこの速度なら、自分の体でこの車両をとめることができると、信夫はとっさに判断した。一瞬、ふじ子、菊、待子の顔が大きく目に浮かんだ。

私は無人駅となっている塩狩駅で下車した。静かな駅だった。待合室に備え付けられたノートには、綾子さんへの回復を祈る言葉が残されていた。

食い入るように直筆の文字を見つめる若者を見かけ、私も綾子さんを念《おも》った。

この取材に入ってから、健さんから幾度も電話があった。

「綾子さん、どうですか？」

「何か必要なものがあれば言ってください。すぐ送るから」

その声は私の折れそうな心を支えてくれた。


新聞社が「三浦綾子　重篤《じゅうとく》」と報じて以来、全国のファンから電話や手紙による祈りが寄せられた。

その祈りへの答えが、小康状態の三十八日間ではなかったか。

十月十二日、綾子さんは静かに息を引き取った。

又来るを得ぬ丘かと
妻の去年《こぞ》言ひき
季《とき》めぐり共に立つ花の下
光世

綾子さんは旭川の近くにある美瑛《びえい》の丘を愛し夫婦で幾度も訪れていた。

そして桜の下で、「来年はもうこの桜の花を見られないかもしれない……」と弱音を吐いたこともあったという。

だが、綾子さんは病いと向き合いながら一冬を越え、二人で桜の花を見上げることができた、思い出の句である。

美瑛の丘に立つ私の携帯電話が鳴った。

綾子さんの容態を心配し取材の成り行きを静かに見守っていた健さんからだった。

「綾子さんが亡くなったね」

その声は暖かくやさしく、私は涙でぐしゃぐしゃになった顔で冬空を見上げた。

三浦綾子『母』

旭川市民主催の綾子さんの葬儀には最後の別れを惜しむかのように全国のファンの人たちが詰めかけた。どの参列者からも感じ取れた嘘のない哀切の情に、綾子さんがこれまでに生きてきた人生を切り離すことができなかった。

健さんから渡された小説『母』は、小林多喜二の母セキの波乱に富む生涯を描いた作品である。「わだしは小説を書くことが、あんなにおっかないことだとは、思ってもみなかった。（中略）まさか小説書いて殺されるなんて……」。母の苦しみに思いを寄せた綾子さんは、あえて一人称語りの困難な手法を採用し、脱稿に十年を要した。

私は多くの三浦文学の原点といえる場所に、立ってみたくなった。

綾子さんが亡くなった翌月、一人で北海道のほぼ中央部にある歌志内《うたしない》市に向かった。旭川から高速バスとタクシーを乗り継ぎ約二時間。かつて炭鉱で栄えたその町は、灰色の雲が垂れ込め、ちらちらと粉雪が待っていた。

綾子さんがこの町の小学校に代用教員として赴任したのは昭和十四（一九三九）年、十六歳十一カ月の若さであった。

日中戦争の最中で、町は石炭増産のために人口が増え続けた。生徒は二千人超えで教室に入りきれず、午前、午後の登校を余儀なくされていた。

子供たちの親の多くは、石炭を手掘りする炭鉱夫であり、子供たちも快活で生きがよかったらしい。

昔の賑《にぎ》わいが想像できないほどの静けさの中に、数年前に開所された歌志内市郷土館ゆめつむぎが建っていた。

そこには綾子さんと同じ小学校で教鞭を取っていた今野《こんの》辰子《たつこ》さんと教え子の佐久間《さくま》鉄雄《てつお》さんが待っていた。

同僚でもあり綾子さんと歳も近い今野さんは大事そうに風呂敷《ふろしき》包を開けた。中には小学校の廊下らしき場所で教師たちが並んで写った一葉の写真が入っていた。

「堀田《ほった》（綾子さんの旧姓）先生は私たちが真似できないほど、熱心な先生でした。

毎日、先輩の先生方に、

『子供たちをどう指導すればよいか』伺っていました。

学芸会の時も、私たちが考えつかないアイディアを考えていました。

お祖母《ばあ》さん役を男子にさせたり、お父さん役を女子にさせたり、子供たちは大喜びで学芸会の稽古《けいこ》をしていました。

思い出すのは堀田先生が考えた劇『したきりすずめ』。劇中で歌う歌詞が心にのこっています」


それこそが私たちが初めて訪問した晩、綾子さんが歌ってくれた『したきりすずめ』の歌なのである。

堀田先生から「鉄ちゃん」と呼ばれていた佐久間さんが言葉を続けた。

「僕が思い出すのは堀田先生のお昼の弁当。

細長いカステラを持ってきていました。

僕は（美味《おい》しそうだなぁ）と思いながらも、（あれだけで先生は腹が空《す》かないのかなぁ）と見ていたら、先生から、『鉄ちゃん、食べる？』と声をかけてもらって、僕は頷いてしまったんです。

（先生がお腹を空かすんじゃないか）なんてことはすっかり忘れて、（旨《うま》いなぁ）と感激して食べていました」

太平洋戦争という時代背景もあり、綾子さんも当時の教育を是として一心不乱に教壇に立ち続けた。

しかし、敗戦によって大きく価値観が変わる。

わたしは、七年間、精魂こめて、生徒に対してきたつもりであった。

生徒たちを心から愛し、教壇に倒れるなら、本望だと思って生きてきた。

その七年間に教えたことが、敗戦によって、「教科書に墨を塗る」という形で終止符を打ったのだ。

『石ころのうた』

□

軍国主義教育に何の疑いも持たなかった自身への猛省から、晩年の綾子さんが病を押して完成させたのが、小林多喜二の母親セキの一生を追った『母』である。

昭和四年、多喜二が発表した小説『蟹工船』。海軍の保護のもと、オホーツク海でタラバ蟹を漁獲し缶詰の製造を行うこの大型船では、劣悪で過酷な労働環境の中、暴力・虐待・過労や病気で次々と労働者が倒れてゆく。

多喜二は、この小説を書いたことが原因で、特高警察の拷問を受け僅《わず》か二十九歳で亡くなった。

息子のむごたらしい死に様に母親の悲しみはずっと癒《い》えない。息子が正しいのか、悪いのか、やめさせればよかったのか……。

「多喜二、苦しかったべなあ」
「多喜二、せめて死ぬ時だけでも、手を握っていてやりたかった」

「多喜二、わだしはお前を生んで、悪いことしたんだべか」

とか、

「多喜二、お前、死んでどこさ行っているんだ」

とか、独り言言っているの。


健さんから渡された綾子さんの『母』を開いた。

パラパラとページを捲《めく》っていくと、ラストシーンで黒い鉛筆の線が目に留まった。

あーまたこの二月の月かきた
ほんとうにこの二月とゆ月か
いやな月こいをいパいに
なきたいどこいいてもなかれ
ないあーてもラチオて
しこすたしかる
あーなみたかてる

めかねかくもる

たどたどしい言葉遣いから、母セキの悲しみが伝わってくる。

ああまたこの二月の月がきた
ほんとうにこの二月という月が
いやな月　声をいっぱいに
泣きたい　どこへいっても泣かれ
ない　ああ　でもラジオで
少したすかる
ああ　涙が出る
めがねがくもる

セキは昭和三十六（一九六一）年、八十七歳で亡くなった。遺品の中からこの墨書きの詩が発見された。

貧しさのため小学校にもろくに通えなかったセキは、読み書きができなかった。多喜二が獄中にあった時、手紙を書きたい一心で、五十七歳にして字を習ったのだという。

二月は多喜二が息絶えた月である。その辛い気持ちを綴《つづ》った言葉は、綾子さんの筆によって世に出たのだった。

言論弾圧への静かな怒りと、母と子の信頼関係が描かれたこの作品は、三浦文学の結晶ともいわれる。

□

私が「綾子さん」の原稿をまとめあげた直後、健さんから、「時間があるか。珈琲を飲もう」と電話が入った。

馴染《なじ》みのカフェで五カ月に及んだ取材の話を始めると、健さんは相槌《あいづち》も打たずに耳を傾けた。

「綾子さんはなぜ、最後のインタビューに応じてくれたのだろうね」

「綾子さんは夕方が一番好きな時間だと仰《おつしや》っていました。

それはこれまでの生き方に多少の過ちや後悔があっても、晩年を一番いいと言えるように生きたい。

筆を持てなくなった綾子さんは、『私には死ぬという仕事がある』と呟《つぶや》かれました。それぞれの人生の生き方、そして最期の逝き方をご自分の身をもって私たちに教えてくださったのだと思います」

健さんから借りた二冊の本をテーブルに置き、「ありがとうございました」と頭を下げた。

「俺の書棚、本が入り切らないんだよ。この本は谷《たに》が預かっておいてくれ」

そう言うと、私の長期に亘《わた》る仕事を慰労するかのように、自ら珈琲をオーダーし、私にも「もう一杯、どうだ」と言った。

熱々の珈琲が来るまでに、

「私、綾子さんに心からお礼を言いたいです」

そう言うと、健さんは頷いた。

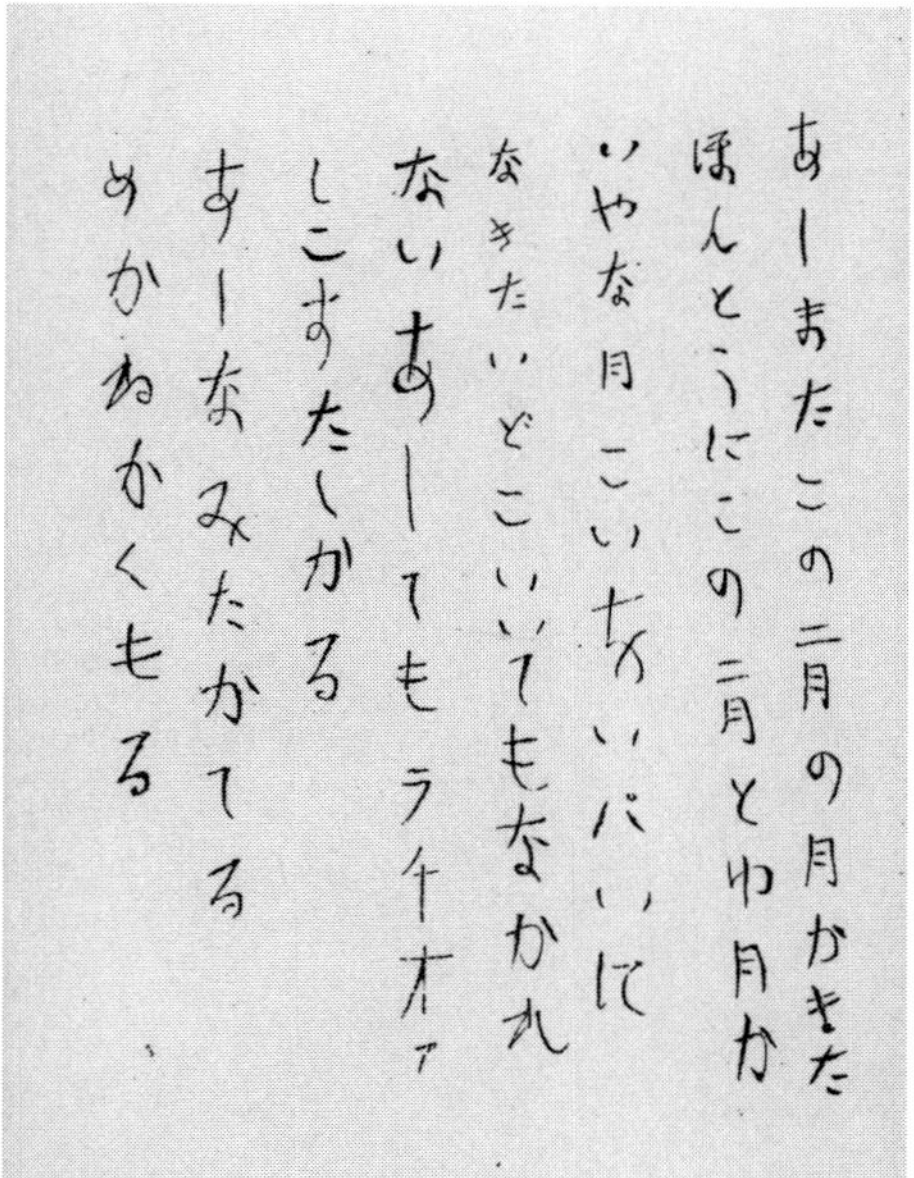

あーまたこの二月の月かきた
ほんとうにこの二月とゆ月か
いやな月こいをいパいに
なきたいどこいってもなかれ
ないあーてもラチオァ
しこすたしかる
あーなみたかてる
めかねかくもる

小林セキ遺筆（複写）、写真提供・市立小樽文学館

「人間って弱いからな。なかなか立ち直れない時があるよ。綾子さんの本の中にもいろいろな人間が出てきて、喘《あえ》ぎながらも乗り越えていく。それが俺に希望を与えてくれるんだよ」

第三章　人生の持ち時間

五木寛之『青春の門　第一部筑豊篇』

福岡はかつて石炭と製鉄で知られていた県だった。石炭は近代の産業を支えただけでなく文学も生んだ。森崎和江《もりさきかずえ》の『まっくら』や、上野英信《うえのえいしん》の『地の底の笑い話』は、地の底で石炭を手掘りし、長くて急な坑道を地上まで運び上げる炭鉱労働者の声を伝える稀有《けう》な記録文学だ。

小説も例外ではない。

火野葦平《ひのあしへい》の長編小説『花と龍』は明治三十年代、石炭積出港として賑わった北九州の港町が舞台。金五郎は、戦友を頼って、ゴンゾとして働こうと妻のマンとやってくる。ゴンゾは石炭を伝馬船《てんません》に乗せて、沖の大型船に運び入れる最下層の労働者である。力自慢の金五郎は持ち前の度胸と義侠心《ぎきょうしん》で沖仲仕《おきなかし》たちからの人望を集め、暴力がはびこる若松《わかまつ》港で頭角を現していく。

だが新参者の金五郎には様々な困難、妨害が降りかかってくる。ついには仲間たちを殺害されて、金五郎は単身、有力組織に乗り込んでいく。

この名作は名だたる俳優陣によってこれまで七度も映画化されている。『日本侠客伝　花と龍』（一九六九、マキノ雅弘《まさひろ》監督）では、高倉健がゴンゾたちを率いた主人公、金五郎を演じた。

危険が伴う体力勝負、体中を真っ黒にしたゴンゾ稼業では「困っている人がいたら助ける」といった助け合いの精神で安全や命を守っていた。

「親分さん、あんたヤクザでっしょ。

俺はヤクザっちゅうのは、弱いもん助けて、強いもんをくじく、よか男と聞いとりましたけん。

九州若松のヤクザちゅうのは、ゴンゾ甚振《いたぶ》るのが商売ですか」

小学二年から高校時代を北九州で過ごした健さんのネイティブな言い回しは、台詞《せりふ》の説得力を増幅させる。

五木寛之《いつきひろゆき》著『青春の門　第一部筑豊篇《ちくほう》』の舞台は福岡県の中央部、昭和二〇年代の筑豊である。主人公の伊吹信介は昭和十年生まれ。炭鉱を舞台に一人の少年の汗臭さ、荒ぶり、思春期の思い、都会への憧《あこが》れなど、青春の日々を生き生きと描いた。「のぼり蜘蛛《ぐも》の重」と呼ばれた父・重蔵、義母のタエ、ヤクザの塙竜五郎、幼馴染の織江など、登場人物もみな、心に残る。

小説の中には、「馬鹿も利口も命はひとつ」という印象的な言葉が繰り返し登場する。太平洋戦争が激化する中、筑豊の炭鉱には増産が強く求められ、およそ十五万人の炭鉱労働者が二十四時間体制で働いていた。

増産を優先するあまり、安全対策がなおざりにされ、筑豊でも落盤事故などが続発した。信介の父・重蔵が、落盤事故で水の溢《あふ》れる坑道に閉じこめられた朝鮮の炭鉱作業員を自らを犠牲にして助ける場面でも、「馬鹿も利口も命はひとつ」と叫ぶ。命は平等なのだと描いた印象的な場面だった。

実はこの名文句、作家の五木寛之が作ったものでない。筑豊の労働者の間で、何かの時にふっと出てくる、長く生きている言葉であるという。

その気性は、川筋気質《かわすじかたぎ》と呼ばれ、男の理想像とされていた。

「理屈をこねない」「竹を割ったような潔い性格」「宵越しの金を持つことを恥とする」といった特徴があげられ、筑豊生まれの健さんにも、そのキャラクターに川筋気質が見てとれる。

小説を読んだ健さんは、よくこんなことを言っていた。

「五木さんの情景描写はホントにうまい。

石炭まみれで働く男たち、長屋同士で、『ちょっと醬油《しょうゆ》ば貸してくれんね』とかね。

荒っぽいが居心地はいい。

自分にもそんなことがあったなぁと感じる場面が多くてね。

ページからクレゾールが匂い立つようだ」

便所や手の消毒に使われたクレゾールの強い匂いが、幼い頃の体験と重なり合うのだろう。

健さんは、小学校へ上がってすぐ肺浸潤に冒されて、兄妹から離され親戚《しんせき》のおじさんの家で闘病生活を送ることになる。

母は毎日、鰻《うなぎ》を買ってきては黒焼きにして食べさせ、肝まで飲ませたという。そのおかげでか、健康を回復するものの、毎日の鰻はつらかった。それで川魚類は今でも一番苦手である。

この頃から布団の中で、母の目を盗み漢字の読み書きをし読書も欠かさなかったと語った。

以前、私は健さんが一年間闘病生活を送った、その部屋を訪ねたことがある。

健さんから連絡を入れてくれたおじさんの家は小堀に架かった橋を渡ったしもた屋であった。

おじさんは私を歓迎してくれて客間に通し、健さんの少年時代の写真を見せながら懐かしそうに思い出話を語ってくれた。

「お母さんが来る時間にはおとなしく寝ているんだけど、それ以外は本を読んだり、漢字を壁に書いたりしてね。その壁？　家を直した時に塗ってしまってね。残しておけばよかったね（笑）

剛《たけ》ちゃん（健さんの愛称）はお母さんの言うことは絶対守ったね（笑）」

健さんにとって〝ふるさと〟という言葉から浮かぶものがボタ山であった。ボタ山とは、石炭を採掘する際に採れた質の悪い石炭や石ころが積み上げられたもので、筑豊のシンボルとなった。そしてもう一つの原風景が、炭鉱風呂《ぶろ》である。

「地区ごとに無料で入れる共同浴場があってね。僕はしょっちゅう行っていたんだよ。一番の楽しみは友達に会えること。

窓から風呂場をのぞいて仲の良い友達がいると、急いで素っ裸になっていたよ。仕事を終えた大人たちの顔は煤《すす》で真っ黒でね。目玉だけがぎょろぎょろしていた。湯から出る時はまったく違う顔になっていたよ」

炭鉱の風呂には、どこから来たのかわからない人々もたくさんいたという。前科者も流れ者も関係ない。過去をほじくりだして問題にしようとはしない。働く者はみな仲間という共生の感覚が、福岡県発の小説の共通点であった。

□

二〇二〇年三月二十九日、日本を代表する喜劇人、志村《しむら》けんが新型コロナウイルスによる肺炎で死去した。

かねてから、「僕の本業はコメディアンです」と志村さんは公言していた。

そして、「素の自分を出すのは苦手」と語り、ドラマや映画への出演はかたくなに断り続けた。

そんな志村さんの最初で最後の映画出演となったのが、高倉健主演『鉄道員《ぽっぽや》』である。

志村さんの出演を願ったのは健さんだった。

『鉄道員』映画化の話がまだ世に出ていない一九九七年十月、北フランス、ドーヴィルのホテルのテラスでの話だ。

健さんは、

「今、面白い人って誰?」

と訊《き》いた。

健さんは以前から喜劇人好きである。

「志村けんさん、コントが面白い！」

私は即答した。

そこに居たメンバーが頷《うなず》くと、健さんは、「ふ〜ん」と言いながら珈琲《コーヒー》を口にする。

私は言葉を続けた。

「あれは寿司《すし》屋でしょうか。客が店に入って来ると、カウンターの向こうのおじいさんが、寿司ネタに包丁を入れようとする。

でも、包丁を持つ手はおぼつかなくって、なかなか調理できないんです（笑）」

「観てみたいなぁ……」

健さんは反応し、その場で、国際電話をかけ始めた。

相手は広告代理店のTさん。観たいテレビ番組や聴きたいラジオ番組などがあればいつもその人に連絡を入れ、手配してもらうのである。

帰国して間もなく、

「観たよ。久しぶりに声を出して笑ったよ」

そう言いながら、包丁でネタを切ろうとするおじいさんの真似をしたのだった。

「志村けんさんといつか仕事したいなぁ」

独り言のようにつけ足した。


そのやりとりから二年後に製作された映画『鉄道員《ぽっぽや》』——。

高倉健が演じるのは北海道にあるローカル線の終着駅の駅長、佐藤乙松。炭鉱最盛期にはにぎわった駅だが、今では乗降客は数えるほどだ。

国鉄からJR、昭和から平成……時代は常に移り変わっていく。それはどうしようもできない。

乙松は最後まで独りで駅を守り、そして雪の降る中、鉄道に殉じるように死んでいった。

名だたる演者の中に、志村けんも炭鉱夫として登場する。

筑豊(福岡県)の炭鉱が閉山し、「北海道ならば石炭が掘れる」と幌舞《ほろまい》へ移住してきた臨時工の吉岡。酒癖が悪いために妻と娘に逃げられ、残された一人息子を満足に育てられないでいた。

ピンク・レディーの『サウスポー』が背景に流れているため、昭和五十三年から五十四年頃の設定だろうか。

駅前の食堂で、吉岡はスト破りを巡って仲間と一人対数人のケンカを始める。気の荒い坑夫らに襟首を持って吊《つ》り上げられ投げ飛ばされる吉岡。そこに居合わせた乙松と親友の鉄道員・仙次（小林稔侍《こばやしねんじ》）が荒っぽく仲裁する。

やがて「だるま食堂」の店主（奈良岡朋子《ならおかともこ》）が水をぶっかけて、

「やめろ。そこ座って。うちで立っているのは勘定して帰る時だけだよ！」

と叱《しか》り飛ばし、吉岡と息子に向かい、

「ほら、今夜は私のおごりだ！　飲んで、飲んで、胸のつかえ流すんだね」

吉岡はコップ酒をあおりながら、額をテーブルにガンガンと打ち付ける。

そして、顔を歪《ゆが》めて、「痛えなぁ」――。

ペーソス溢《あふ》れるこのワンシーンは志村さんのアドリブだった。

季節は春になってようやく吉岡が地域に溶け込み始めた矢先、突然流れるサイレンの音。ついには炭鉱事故で亡くなる。

一人残された息子がクレヨンで描いた父の遺影が切ない。

「馬鹿も利口も命はひとつ」という炭鉱労働者の明日をも知れない命の大切さを表した言葉が重なる。

実は吉岡という人物は、浅田次郎《あさだじろう》の原作には姿かたちもなかった。

健さんとのコンビで多くの名作を生んだ映画監督の降旗康男《ふるはたやすお》さん。健さんは、「旨《うま》い酒が手に入りました」と新潟の久保田千寿《くぼたせんじゅ》やら監督が好きな日本酒を片手によく自宅を訪れたという。

大きなテーブルを挟み、監督と健さんは日本茶を前に、話し出すと軽く六時間が過ぎていた。

しまいには、折り曲げた座布団を枕に、少年時代の話に花を咲かせていたそうだ。

「炭鉱の公衆浴場で、僕の頭の上を通り過ぎて湯に浸《つ》かる大人たち。どの顔も何某《なにがし》かの事情を抱えているように見えましたね。でも、僕の頭を大きな掌《てのひら》でゴシゴシさする時の顔はたまらなくやさしかった」

その思い出を訥々《とつとつ》と語る健さん、そこから想を得て、志村けんの役柄と名シーンが生まれたのだった。

「根はシャイで実直で。人を笑わせるためにだけ生きている人には、逆立ちしたって敵《かな》わないよ」

志村さんのあのアドリブに、健さんは感服していた。笑いの裏に、人生の哀歓をにじませた喜劇人だった。

□

産炭地を舞台にした五木寛之さんの小説『青春の門　第一部筑豊篇』。

大学へと進学するため、主人公の信介が単身、東京へ向かう朝が印象的である。最後に峠から故郷の街を見下ろす。内ポケットには十歳まで自分を抱いて寝てくれた義母タエの遺骨があった。

信介は目をとじて内ポケットに手を入れた。そして白い封筒をとりだすと、そのなかから灰白色の骨のかけらを取りだした。彼はその一片を口のなかにおしこんだ。かすかな匂いと軽い歯ごたえがあり骨はカリカリと爽やかにくだけていった。

〈骨嚙《ほねか》み、か――〉
信介は小さくつぶやき、微笑した。
〈さあ、出発だ〉
彼は顔をあげ、唇を結んだ。

健さんも自身の人生を振り返りながら、数冊の著書を残している。
「ふるさとのおかあさん」と題した一節で、その別れの真情を吐露していた。

おかあさんが死んだとき、
ぼくは『あ・うん』という映画の撮影中だった。
葬儀に、まにあわず、一週間もおくれて、ふるさとに帰った。
形どおり、お線香をあげて、おがんでいるうちに、
おかあさんの骨が見たくなった。
仏壇の骨箱をあけ、おかあさんの骨を見ていた。
きゅうに、むしょうに、おかあさんと別れたくなくなって、

骨をバリバリかじってしまった。

高倉健『南極のペンギン』

母の口癖であった「辛抱ばい」という言葉を胸に、網走《あばしり》、八甲田《はっこうだ》山、南極など、厳寒の雪中に独り立った健さん。
故郷の母は、それほど大きな影響を与えた存在だったのだ。

森繁久彌『あの日あの夜　森繁交遊録』

数々の名優に接し、その立ち振る舞いを学んだ健さん。

映画『海峡』（一九八二）で共演した「シゲさん」こと森繁久彌《もりしげひさや》も、その一人である。

『海峡』は二十五年に及ぶ青函《せいかん》トンネルの掘削《くっさく》をテーマにした大作で、メガホンをとったのは、巨匠・黒澤明《くろさわあきら》監督に師事してきた森谷司郎《もりたにしろう》監督。

健さんが演じるのは様々な困難を乗り越えながら青函トンネル開通に情熱を傾ける技師。

その脇を固めたのが、冬の竜飛《たっぴ》岬で命を救われた、暗い過去を持つ女に吉永小百合《よしながさゆり》、洞爺《とうや》丸の転覆事故で両親を失った若者に三浦友和《みうらともかず》、老齢だが腕利きのトンネル堀り源助に森繁久彌である。

森繁さんは長い下積み生活を経て、戦後映画界入り。人情ものの傑作『夫婦善哉』（一九五五）では金持ちのぐうたら息子を味わい深く演じ、『恍惚の人』（一九七三）では六十歳前にして八十四歳の老人を熱演。当時、「痴呆」といわれた認知症の介護にスポットを当てたこの作品は大きな社会的反響を呼んだ。

また、『社長』シリーズ、『駅前』シリーズなどで卓越した喜劇俳優ぶりを示し、出演映画は三〇〇本以上。

舞台ではミュージカル『屋根の上のヴァイオリン弾き』が上演九〇〇回を達成した。健啖《けんたん》家であり、艶福《えんぷく》家であり、甘い物に目がなく、ヨットマンで、煙草と酒と歌をこよなく愛した。アドリブも含めた演技としゃべりはまさに天才であった。

健さんは言う。

「多くの俳優を見てきたけど、シゲさんは別格。人間力というのかな、芝居を見せられている感じがしない。まるごと命って感じるよ。理想？　いや、憧れかな」

さらには森繁さんは俳優のかたわら文筆活動にも取り組み、二十三冊の随筆を残している。

私が、健さんから薦められた一冊が『あの日あの夜　森繁交友録』である。かつて同じ舞台で切磋琢磨《せっさたくま》し、技を競い、スクリーンを共にした原節子《はらせつこ》、伴淳三郎《ばんじゅんざぶろう》、三木《みき》のり平《へい》、山茶花究《さざんかきゅう》らとの交友録を中心としたエッセイ集。

その中に、『海峡』撮影の苦労や困難が綴《つづ》られている。叩《たた》きつける荒波、時化《しけ》と風雪の竜飛崎でのこと、森繁さんの筆が乗る。

私の出演した青函トンネルの映画も聞きしにまさるものであった。断崖というか、絶壁というか、そこは三十メートルほどの切りたった岩の上である。そこにちょうど、格好に出っ張った三坪ほどの岩があり、これがオーバーハング（筆者注・庇《ひさし》のように突き出した岩）になっている。

「このハナのところに立ってくれ！」

「えっ！　こっちの大地の上じゃまずいの？」

「うむ、ずっと向こうの出っ張りから、ズームで、この全体を写したいんだ」

「でも、この風じゃあ、吹っ飛んじゃうョ」

「だから、わからぬように、ロープで体しばって誰かに持たせるから」

下は逆巻く波濤《はとう》、私は腰にロープを巻いてやおら立った。ともかく風が強い。これが波しぶきと細かい砂利とを吹き飛ばしてくる。その小さな粒が私の目に入り、私はしゃがんだ。さっそく高倉健さんが、目薬！　と叫んで駆けつけ、ゴミはとれたが、なんだか大勢乗ると、この岩が割れて落ちるようで気が気じゃない。

被写体が申し分のない状態でなければキャメラを回さないという黒澤明監督の〈完全主義〉を踏襲している森谷監督のもと、シゲさんは飄々《ひょうひょう》と踏ん張りきった。健さんが振り返る。

「あれは大変な現場だった。

トンネルでの出水事故のシーンを撮るんだが、

『スケールを大きくやらないと、リアリティが出ない』と言って、特撮用のプールに溜《た》まった冷え切った水を一発ＯＫで流そうとするんだ。

あのシーンではシゲさんが愚痴をこぼしていたよ。

『健さん、俺は七十（歳）だよ。どうしてこんなに何度もずぶぬれにならなきゃいかんのか』

シゲさん、いつも濡れていたからね」

それに加えて、「下ネタがお茶目できれいで……」。これもまた、シゲさんの売りだった。大変な思いの撮影を終えれば、宿にみんな集まりガヤガヤと酒を酌み交わす。座もほどよく交ざりあってくると、シゲさんの出番だ。

昭和の芸能界で、酒席における最高の芸とされた森繁さんのエロ話である。

例えば、女優・原節子さんと共演した時のエピソード。

昭和三十五年、中野実《なかのみのる》の名作『ふんどし医者』の撮影時のこと。

奥さん役の原さんが大変な博打好きで、医者で亭主役の森繁さんが、意味もなく賭場へ現れる。そして、女房が負けるたびに亭主は一枚ずつ着物を剝《は》いでゆく。そんな亭主の姿に見惚れたか、彼女の負けはどんどん重なり、ついに亭主はふんどし一本になる。あげくの果て、飄々と両人、歌を唄《うた》いながら手をつないで帰ってゆく、という映画だ。

撮影所では、原さんはヴィーナス的存在で、あまり側へ来て話す者もなく、なんとなく遠巻きにしていたが、森繁さんは破れかぶれ、ふんどし一本の格好で面白い話や、時にはエッチな話も図々しく聞かせた。

その都度、「まあ、いやネ！」と顔をそむけ「それで？……続きよ」と次を語らせる女《ひと》だった。

彼女は決してキライではないのだ。

その語りの力に、健さんは敬服していた。

「シゲさん、スケベな話、いっぱいするけどね、話は色っぽくないと面白くない。なんとなく可笑しく、なんとなく哀しい。

シゲさんの話、誰か録ってないかな。

これはまさに、芸。喋《しゃべ》りの強弱、間、リズム、そして話し終えれば、すっと立ち上がり『じゃあ、お先に』とすぐ行っちゃう。

去り際が、抜群なんだ」

森繁さんと健さんは『海峡』のあともことあるごとに手紙をやり取りするなど、プライベートで交流を続けていた。森繁さんが所有するヨットに健さんを招待し、海を楽しむなどしていたという。

昭和という時代を彩った懐かしの俳優、政治家、経済人が多数登場する交友録。森繁久彌さんのことを思い出すにはお薦《すす》めの一冊である。

池波正太郎『男のリズム』

太平洋戦争末期、爆弾を搭載した戦闘機で敵艦などに体当たりを仕掛ける特攻部隊が各地で出撃した。

婚約者のマフラーを巻いて出撃した二十三歳の大尉は、「あなたは過去に生きるのではない」と彼女に新たな伴侶《はんりょ》を探すよう諭《さと》した。

出撃前、彼らは人生の持ち時間をどう使いたかったのだろうか……健さんの心に突き刺さった痛みが、映画『ホタル』（二〇〇一）の始まりだった。

撮影も終盤にさしかかった頃、鹿児島・開聞岳《かいもんだけ》を見渡せるホテルで、健さんからある作家の名が挙がった。

戦後日本を代表する時代小説家の一人、池波正太郎《いけなみしょうたろう》。名作『剣客商売』の舞台は、江戸中期。主役は飄逸《ひょういつ》な人柄で、清濁合わせ呑み、事の解決を図る秋山小兵衛。抜群の強さを発揮するその剣捌《さば》きを描く、池波正太郎の筆の冴えも心地よい。

堅物で、浅黒く巌《いわ》のように逞《たくま》しい息子・大治郎との名コンビが、江戸の悪事を叩き斬る。江戸庶民の営みや食事の風景が情緒たっぷりに描かれているところも、健さん好みだった。

「池波さんの小説も見事だけど、この一冊にも惹《ひ》かれたよ」

そう言って手渡された随筆『男のリズム』は、人は変わり、世は移るとも、これだけは変わらぬ〝男の生き方〟を綴った十二章。

食べる、着る、散歩、映画、旅、遊びに、生きてゆくことの喜びを求めてやまぬ池波さんの、滋味たっぷりの一冊である。

この日の出演シーンはすでに終わっていた健さんは、ゆっくりと話し始めた。「まずは、ここだよ」とページを繰り、『食べる』の章に指を当てた。

日本橋の小さな天ぷら屋で食べるときは、第一食を食べないでおく。亭主が前で揚げてくれるのを、片端から息もつかずに食べる。これでないと、天ぷらを食べたことにならないからだ。

酒も、その間に一合のめればよいほうだろう。

鮨も同様である。

だらだらと酒をのんで男たちが語り合っているそばで、揚げられた天ぷらが冷えかかっているのを見るほど、滑稽なものはない。

この天ぷら屋では、亭主がひとりで揚げる。

揚げるほうも全神経をこめ、火加減を見ながら揚げているのだから、一組の客か、せいぜい二組の客しか相手にできない。

だから、ほとんど宣伝をしない。

口づたえで来る客だけを相手に商売をしているのであって、亭主はもう、死ぬ覚悟で揚げている。

こういう商売の仕方だと、いずれはやって行けなくなることを覚悟しているわけだ。

健さんは言った。

「お気に入りの店を持ち、店主の生き方に触れ、調理の手技を愉《たの》しむ。実に粋《いき》だなぁ」

健さんもそんなお気に入りの店があった。

沖縄・石垣島《いしがき》にあるリゾートホテルに宿泊していた健さんは、

「せっかく島に来て、かしこまった料理は食べたくない」

と言ってふらりと散歩に出た。

「旅の面白さってぶらぶら歩きに尽きる。腹が空けば、目に留まった食堂の前に立つ。それだけでその店の味がわかるんだよ」

妙に神がかったことを言っていた。

そして、見つけたのが、「のれんが蕎麦屋《そば》みたいな」店だった。

中を覗《のぞ》き、高い鼻をクンクンと。

「ここは蕎麦屋じゃないぞ。匂いからして、フレンチと見た」

無邪気な笑顔が零《こぼ》れ落ちた。

店の主人は東京の麻布《あざぶ》で十年、沖縄のホテルで四年仕事をして、奥さんと二人で独立したばかりだという。私も連れて行ってもらったが、肩ひじ張らない、健さんがよく言葉にする「サイズが良い」食堂であった。

私たちが滞在している間、最初はランチでお邪魔し、翌日からはランチとディナーに利用した。主人は店内に顔を出さず、厨房《ちゅうぼう》で腕を振るっていた。奥さん曰《いわ》く、「いつもお喋りなのに、高倉さんの顔を見た途端、ほとんど一言も喋らなくなりました」と笑う。

健さんはその話を聞いて、

「ご主人は無口だが、実に気の籠《こ》もった料理を作ってくれるね」

健さんは奥さんに、「ご主人とお話しさせてください」と言うと、申し訳なさそうに姿を現した。

「シェフ！　実は僕、カロリー・ウォッチャーなんです。ステーキは脂のない肉をバターとか使わずに、醬油《しょうゆ》で食べられたら嬉《うれ》しいです」

と語った。

翌日のランチに行けば、脂のない石垣牛を網焼きにしてわさびと醬油で出してくれた。この日の健さんの食欲ったらなかった。

私は心の内で、「ほんまにカロリー・ウォッチャーなの？」と呟《つぶや》いていた。

カメラの前で自らについて語ることの少なかった孤高の俳優だが、なじみの店ではざっくばらんだ。「ランチはこれだけ食べたので、夜は野菜カレーが食べたいです」と言えば、主人は野菜がゴロゴロ入っている一皿を提供してくれた。

次の日も他のテーブルには誰もいない。

(どうしてだろう?)と思っていたら、その理由がわかった。

島に住む健さんの友人が新聞を見せてくれた。

主人が新聞に、「都合により三日間営業を休んでおります」という広告を出していたのだ。

それは、健さんのためにだけ店を営業するということだったが、私たちにはそんなことを一言も言わない。こういう思いの伝え方をする主人だった。

健さんはホテルに戻り、カフェで珈琲を飲みながらこう語った。

「ああいう人と一緒に、島で小さなホテルをやれたら幸せだろうね。

こんな贅沢《ぜいたく》はない。あの家族をみているだけで幸せだよ」

□

池波正太郎さんといえばまずはグルメの師匠なのだが、随筆『男のリズム』では人生の師匠である。

池波さんは戦争末期の一年余り、海軍の隊員だった。

死線をくぐり抜けてきた経験から、人間にとってただひとつ、はっきりとわかっているものは、「死ぬ……」ということである、と綴る。

人生は一度しかない、だからこそ、食べることも思いっきり、仕事も思いっきり、住む家も大切にすること、そんな池波さんの視座と生き方が垣間《かいま》見えるのである。

健さんはよほどこの随筆がお気に入りだったようである。ページを繰る速さ、指先がピタッと止まる。

「実はこの本に、人生の宿題を突きつけられたような一節があったんだ。

こういうことって、日常の暮らしのなかでそう多いことではないからね。

ドキンとしたよ」

と言いながら、愛用の眼鏡を掛け、大事な言葉を読み始めた。


近年、つくづくと、一人の人間が持っている生涯の時間というものは、

〈高が知れている……〉

と、おもわざるを得ない。

人間の欲望は際限もないもので、あれもこれもと欲張ったところで、どうにもならぬことは知れている。

一つ一つの欲望を満たすためには、金よりも何よりも、それ相応の〈時間〉を必要とする。

一を得るためには、一を捨てねばならぬ。時間のことである。

人生の持時間こそ、人間がもっとも大切にあつかわなくてはならぬ〈財産〉だとおもう。


今から四十年近く前、リュックを背負い、私は吹きすさぶ冷たい風の中にいた。

映画『夜叉』のロケ先・福井県敦賀《つるが》湾の港町――。

私はフリーライターになって間もない頃で、健さんとの面識もないままに撮影現場に放り込まれた感じだった。現場のルールを教えてくれる人もなくウロウロ歩きまわるばかり。撮影現場で健さんの傍にいる人は降旗康男監督、木村大作《きむらだいさく》キャメラマン、島谷能成《しまたによししげ》プロデューサー、あともうひとり男性がいる。

数日が経過したある日、その男性がスコップを手に雪搔《か》きをしていた。名前を尋ねれば、「佐藤《さとう》」と名乗る。通称〝結《ゆう》さん〟と呼ばれ、本名は佐藤結樹《ゆうき》さん。敦賀に二週間も滞在した私だったが、結さんと話したのはそれきりだった。

撮影は都内の砧《きぬた》撮影所に戻り再開した。

結さんは健さんの控室にいつも居た。スタジオへの移動は彼が健さんの後ろに付いて歩いている。誰も近づけようとしないその視線は鋭かった。

スタジオでセット替えをする時間、健さんが、「結ちゃん」と声を発した。距離もあり大道具の金づちの音もあって、私にはその言葉は聞き取れなかった。

私の目の前に湯気がのぼった。珈琲の薫りが鼻をくすぐる。

結さんが、「高倉さんからです」と珈琲を差し出した。

表情は敦賀で見たあの強面《こわおもて》ではなかった。


結さんはかつて三船《みふね》プロダクション率いる小道具会社に所属していた。三船敏郎《としろう》さんは黒澤明監督の影響もあってかスクリーンに映り込まない美術や小道具まで完璧《かんぺき》に設《しつら》えることを要求した。それに応《こた》えるうちに結さんの力量が上がっていった。

仕事仲間がこう話す。

「結さんはメリハリがあって、ハキハキしていて、やることをやって中途半端じゃなくって。高倉さんはそういう人が好きでしたね」


健さんと結さんの初仕事は『南極物語』（一九八三）であった。

スタッフは少数精鋭というのか、本当に少ない人数だった。犬橇《ぞり》隊一切は小道具係の結さんの仕事であった。一頭一頭の性格を見極めて犬の世話をするのだが、気温は連日マイナス四十度超え。目出し帽を被り、その上に毛皮のついた外套《がいとう》を被っていた結さんだが、少し隙間《すきま》があれば凍傷になる。それでも歯を食いしばって頑張った。

「北極では不思議と珈琲じゃなかったね。バーナーで湯を沸かして紅茶の葉っぱをぶっこんだ上にラムを入れる。それを六人で回し飲みするんだよ。

ブリザードの時には一口ずつ、一時間おきに紅茶でカロリーを取るんだ」

撮影時の辛《つら》さを笑顔の奥に隠して健さんはそう語った。


平成八（一九九六）年、結さんは伊丹十三《いたみじゆうぞう》監督の『スーパーの女』に装飾として参加。そのロケハンの最中、不調を訴え始めていた。

「最近、ちょっと調子が悪い。病院で診てもらってくるわ」

癌《がん》が見つかった。

主治医は「あと一年ちょっと。まあ一年と考えたほうがいいでしょう……」

家族は結さんに癌の告知をしなかった。入院、自宅での静養、そして再入院。結さんの妻が振り返る。

「高倉さんは主人のことをずっと気にかけてくださって病院へ見舞いにも来てくださいました。主人の感極まった顔、忘れられません」

結さんはそれから間もなく息を引き取った。平成十一（一九九九）年八月十日。四十八歳の時だった。

義弟が当時を述懐する。

「結樹が亡くなってから斎場に行く前に二日ほど自宅におりましたが、その時に、高倉さんが小林稔侍さんと共に来られました。遺体に土下座して弔いをしてくれました。長い沈黙の後、結樹の頭の近くで、頭を擦《こす》りつけ、『結さん、あの世で待っててくれ』と、忘れられません」

盟友・結さんとの別れが、健さんに残された生を意識すること、残された使命を見つめ直すことの契機になったのだろう。

人生の持時間こそ、人間がもっとも大切にあつかわなくてはならぬ〔財産〕だとおもう。

池波正太郎のこのメッセージに健さんの思いが凝縮されている。

健さん、右は佐藤結樹さん（結さん）
昭和 60（1985）年、東宝・砧撮影所にて

第四章　旅の流儀

白洲正子『夕顔』

昭和から平成にかけて日本映画界を代表するスターであり続けた高倉健《たかくらけん》さん。印象に残る言葉が、多々ある。例えば平成二十五年（二〇一三）秋、文化勲章を受章した際、親授式の後でこう話した。

「日本人に生まれて、本当に良かったと、今日思いました」

さらにこうも記している。

「今後も、この国に生まれて良かったと思える人物像を演じられるよう、人生を愛する心、感動する心を養い続けたいと思います」

そんな健さんを、惹《ひ》きつけてやまない随筆家がいた。

戦後の荒廃の中で能・骨董《こっとう》・仏像・神社仏閣など日本の伝統の美について語り、日本人の誇りを守った白洲《しらす》正子《まさこ》さん。

女一人、全力で追いかけて、瑞々《みずみず》しい文体で数多くの随筆を残した「韋駄天《いだてん》お正」の所以《ゆえん》である。

□

空前の相撲ブームの中心にいた貴乃花《たかのはな》と曙《あけぼの》、武蔵丸《むさしまる》らハワイ勢の対決がファンを沸かせた頃、ＪＲ池袋《いけぶくろ》駅の公衆電話からこの話は始まる。電話の相手は『アサヒグラフ』（朝日新聞社）の編集長だった。

「お世話になっています。フリーライターの谷充代《たにみちよ》です。白洲正子さんとの面識が叶《かな》い、取材のお許しが出ました。そちらで特集を組めませんか」

編集長から即答が下った。

「それは凄《すご》い。ページを用意します。時間はいくらでも掛けてください」

それから始まった取材。白洲正子さんという人を知り得《え》るまで追い続けよう――そう決心していた。

平成五（一九九三）年の初春、東京・町田市の小田急線「鶴川《つるかわ》」駅からタクシーに乗り込み、「白洲正子さんのお宅まで」というと、運転手は「合点、承知」とばかりに車を滑らせた。古き木の門前に到着すると扉も錠も開け放たれていた。「あら、不用心」と思っていると、こちらの車のエンジン音が耳に入ったのか、中から慌てて出てくる人の影があった。

その人は長年、白洲家に務める女性で、後日「留守居の長坂蕎乃《ながさかその》です」と名乗られた。

そして、「先ほどからお待ちしています」と奥への道へと誘《いざな》った。

懐かしい佇《たたず》まいの白洲邸の踏み石をポンポンポンと弾みながら歩いていった。

踏み石がなくなる頃、大きなガラス戸の向こうに正子さんご本人を確認した。

「遠くからようこそいらしてくださったわ。ここ数年、身体の調子を崩していましてね。このような取材のお話は久しぶり」

そう言うと、座りなれたソファなのだろう、ゆったりと腰を下ろされた。

その椅子は終戦直後の内閣で外務大臣を務めた吉田茂《よしだしげる》氏が自宅で使っていたもので、正子さんの夫君白洲次郎《じろう》氏がもらい受けたものだった。

のちに首相となった吉田氏からGHQ折衝の命を受けた次郎氏は昭和二十五（一九五〇）年、アメリカで平和条約のお膳立てをし、翌年のサンフランシスコ講和会議にも出席している。

次郎氏はもともと十七歳からイギリスに留学。イギリス貴族のライフスタイルを学び、日本の金融恐慌の煽《あお》りから実家の家業が倒産するなどして帰国を余儀なくされた。

一方、正子さんは、明治四十三（一九一〇）年、伯爵樺山《かばやま》家の次女として生まれ、女性にとっては足を踏み入れることが難しかった能の稽古《けいこ》を四歳で始め、舞台で能を演じた。その後、十四歳でアメリカ留学。やはり次郎氏と同じような事情から十八歳で帰国。

直後二人は出会い結婚している。次郎二十七歳、正子十九歳のことだった。挙式は京都ホテルで行った。

次郎氏は英字新聞の記者に始まり、英国商社、日本の貿易会社など仕事を転々としたようだ。

「次郎の風来坊気質《かたぎ》が吉田さんに気に入られたようよ」と正子さんが語った。

正子さんが銀座《ぎんざ》で染色工芸の店「こうげい」を始めたのは、戦後十一年経った四十六歳の時だった。

「店を開く時は次郎が友人から資金を集めていたわ。それまでの私はジイチャン（青山二郎《あおやまじろう》）や小林秀雄《こばやしひでお》さんらと骨董を挟み飲み歩いていたのよ。それで店でも始めれば、少しは大人しくなるんじゃないかと思ったようよ。でも、それぐらいのことじゃ、私は変わらないわよ（笑）」

店は十五年程で閉めたという。理由は、「日本の古寺やかくれ里を歩きまわり忙しくなったのよ」と語り、自分の目で見たものに感動しそれを綴《つづ》っていくことが何よりも楽しくなり、随筆家としての地位を確立していく。読売文学賞は二度受賞している。


昭和六十（一九八五）年、次郎氏が亡くなった。享年八十三。正子さん七十五歳だった。正子さんはそれからも蕎乃さんの手を借りながらも鶴川の家に住み、骨董遊びと執筆の日々を送っていた。

「骨董品を『本物だぁ、偽物だぁ』と騒ぐのは詰まらないことよ。目利きは、本物も偽物も恐れない。偽物でもそこに美を見出せば、最終的に本物になるのよ。何にでも言えるけれど自分の目を信じられるかどうかが大事。これは生きていく上で、すべてに通じることだと思うの」

話は面白く、あっという間に二時間を過ぎた。お身体に障《さわ》ってはと私は辞すことにした。

帰り際に、正子さんが言った。

「今度、いつ来られる？」

私は戸惑うことなく、「来週の今日はいかがですか」

正子さんは大きく頷《うなず》くと壁掛けのカレンダーに印をつける。光栄であり、再会したい思いに溢《あふ》れていた。


私は正子さんがカレンダーに印を付けた日に白洲邸の門をくぐった。陽射しが温かく、縁側に腰掛けた蓄乃さんに声を掛けた。

蓄乃さんはやさしく微笑んで、「お待ちしていますよ」と言った。

正子さんは同行のカメラマンを見ると、「あら、新顔ね」。

一面識《いちめんしき》であるものの、「ご自由に撮影してくださっていいわ」と言ってくれた。

庭は正子さん好みの雑木林。樹々の合い間に四季折々に咲く花々は美しい。

私が、「撮影のために花を活《い》けて欲しい」と言うと、庭に咲く花を花器に挿した。

咲く花がない時は、「花長《はなちょう》に電話しといたわ」。

花長とは明治時代からある港区南青山《あおやま》の花屋である。

店に立ち寄れば、

「山へ行ってきました。白洲さんには滅多な花を渡せませんからね」

店主は「心得ている」と言わんばかりの笑顔で椿の一枝を差しだした。

正子さんはその椿を「花は咲くがごとくに……」と李《り》朝の壺《つぼ》に投げいれた。


ある日、蕎乃さんが縁側に座り、空を見上げていた。

私が挨拶《あいさつ》するや、

「奥様は今朝方、入院されました」

私は教えてもらった千代田区にある日比谷《ひびや》病院へ急いだ。病院の一角に入り口があり、細く急な階段を上っていくと正子さんの部屋が右側にあったことだけを記憶している。扉を開けて顔を出した私に、

「誰かと思ったら、あんたなの。大したことないから心配しなさんな。それより早く美味《おい》しいものが食べたいのよ」

肺炎と聞いて心配していたが、その食欲に私は安堵《あんど》し、今後の予定を伺うと早々に退室した。

後日、退院したと聞いて、私は正子さんにお見舞いの品を格別な思いと共に届けることにした。

そこで「白洲正子さんの好物はなんですか?」と相談したのが新潮社の知り合いだった。新潮社には「白洲正子」の書籍が多い。編集担当でなくても、「白洲さんは神楽坂《かぐらざか》の『大《おお》〆《じめ》』の寿司《すし》が好きである」ことは知れ渡っている事実だった。

正子さんにその品を手渡すと、

「うわ～っ。あんた、良いとこ、あるね。

ここの寿司は酢飯上等、鯛《たい》や穴子さらに上等!」

普段使いの茶碗で茶を飲む正子さんに、「甘いものはどちらのものを?」と訊《き》けば、「両《りよう》国《ごく》の『越後《えちご》屋《や》若狭《わかさ》』の水羊羹《ようかん》」ときっぱり。

次の訪問日に両国へ立ち寄りその一品を買った。中を開けば、はがきサイズの水羊羹の上に桜の葉が一葉載っている。お値段にして一折三千円ほど。

「この水羊羹のファンは西郷隆盛《さいごうたかもり》、伊藤博文《いとうひろぶみ》、夏目漱石《なつめそうせき》……、そして私（笑）」と大笑いし、食べれば、甘さはすっきり。口の中でほろりと溶ける柔らかさ。店の人に、「静かにお持ち帰りくださいね」と言われた理由が口に入れて初めてわかった。

「美味しいね～」という正子さんに、私は、「はぁ、初めての味わいです」と答えた。

「あんたは正直だね～」と大笑い。

その後、健さんにもその品を差し入れたことがあった。

「カロリー・ウォッチャーの僕には、甘みが少ないこの水羊羹はいいなぁ」

「白洲正子さんご用達です」

「さすがに旨《うま》いもの、知っているね」

甘いもの好きの健さん、この生菓子のおかげで正子さんへの好感度はまたも上昇したようだ。

□

ダイニングの大きなテーブルで正子さんが郵便物を整理していた。茶封筒を開けると、正子さんの新刊『夕顔』が出てきた。

それを取り出すや、

「今日、届いたばかりよ。あなたに上げるわ」

本の奥付を見れば「初版」であり著者に届く最初の一冊であった。

「これは頂けませんよ」と遠慮する私に、

「いいのよ。また送ってくるでしょう」

持ち帰った『夕顔』はすぐ読んだ。正子さんが様々な雑誌に発表した五十七編の随筆が収録されている。

明治、大正、昭和、平成の四代を経て、ますます好奇心旺盛《おうせい》でエネルギッシュな正子さんが、庭の草木を慈しみ、愛する骨董を語り、生と死に思いをめぐらせる。

「十割蕎麦《とわりそば》の味は格別よ。文章も同じこと。つなぎは不要よ」

正子さんが語っていたその言葉通り、どれも〝きりっ〟とした気持ちのいい文章であった。

表題ともなった〝夕顔〟は、陽が落ちる夕方近くから咲き始める楚楚《そそ》とした花だった。

ある時、夕顔の花が開く決定的瞬間を見たいと思い、いつも咲き出す夕刻四時に合わせてひとつの花の前に陣取って、片時も目を離さず見ていたそうだ。
ところがその蕾《つぼみ》は五時になっても六時になっても開こうとしない。
なおも見つめていると……。

すると不思議なことにその蕾は、
かすかにふるえるような動きを見せたかと思うと、
さもくたびれたように首を垂れてしまった。
ほかの花はみな元気に咲き切っているのにこれはどうしたことか。
もしや息を吹き返してはくれぬかと、十一時まで見つづけたが、
しまいにはまったく生きる力を失って、地に落ちた。

何度やっても同じだったというこの結果については、

少くとも私の場合、花にも魂があることを忘れていた。夕顔は、咲いたあとでも、切

って器に入れる間にしぼんでしまうようなデリケートな花なのだ。そうと知りながら野蛮な行為に出たのは、他を思いやる心に欠けていたことにほかならない。

そして、

「人にも、花にも、この世に生あるものは、宿命ってものがあるのよ」

その後も正子さんに手を引かれ、見るもの聞くものが珍しい世界へと私の取材は続くのだった。

伊賀、京都、熊野を歩く

生涯数多くの土地を旅した正子さんだが、好みの場所はいわゆる観光名所とは少し異なるようである。

ある日のことだ。

書斎として使っているダイニングルームで、正子さんは私が隣に座るや目をぎょろりとさせた。

「鮎《あゆ》の季節もそろそろ終わるわね」

正子さんの視線は大柱に下げられた提灯《ちょうちん》に注がれている。それは毎年初夏に届く京都・嵯峨野《さがの》の平野屋《ひらのや》からの「鮎だより」だった。この店の鮎は正子さんの好物であり、十月半ばまで供される鮎を「落ち鮎」と呼び、「今年、最後のご馳走《ちそう》よ」と語った。

正子さんが「京都へ行きましょう」と言うや、口元をきゅっと上げ黒電話を手元に引き寄せている。大きな電話帳を開き、「いつがいい？」と言う。私が「いつでも」と答えると、ダイヤルをジィーコジィーコと回し始めていた。

思ったが早く行動する正子さんを人は「韋駄天のお正」と呼んでいた。

「日取りは決まった。私、朝が苦手だから前の日に京都に入るわ。その日は次郎の墓参りをして、あんたを待ってるわ」

現地集合となったこの旅は、正子さんを京都ホテルに訪ねた。京都ホテルといえば、次郎さんと華燭の典を挙げたホテルである。もう半世紀あまり定宿として使っているという。

ロビーにある大きなソファに身を沈めて正子さんが私を待っていた。

挨拶代わりに、「お墓参りはいかがでしたか？」と問うと、

「それがね、こっちで生きている人間との付き合いが忙しくって、とうとう行けなかったのよ。寺に向かって手を合わせはしたけどね」

とケロリと言ってのける。

「葬式無用、戒名不用」という遺言を残して逝った次郎氏は、

「知りもしない人たちがお義理で来るのはいやだ。もし、背いたら、化けて出るぞ」と言っていた。その夫君と長く連れ添った正子さんらしい墓参りの仕方なのかもしれない。

正子さんは子供の頃に一年ほど京都に住み、五十歳を過ぎてからは毎月のように京都を訪れている。それだけに友人も多いし京都の古き言葉も使いなれている。

「すい場」という言葉もそのひとつ。本来は子供言葉であり、字を当てれば「好きな場所」ということになるそうだ。

「自分だけの秘密の場所を信用のおける友達か、尊敬している人間にだけ内緒で教えてあげるという意味合いで使うのよ」


この日、正子さんの「すい場」へ車を出したのが福森雅武《ふくもりまさたけ》さんだった。福森さんは正子さんが認める陶芸家の一人で、三重県伊賀《いが》市丸柱《まるばしら》からやってきたのだった。

丸柱は滋賀県境に近く、最近は道も良くなって京都から車で、一時間半の距離だという。伊賀の里に江戸時代から続く窯元「土楽《どらく》」。福森さんは、その七代目に当たるそうだ。

周辺は田園が広がり、厚い茅葺《かやぶき》きの、美しい農家風佇《たたず》まい。

「良いお住まいでしょう」と正子さんはにんまりする。

居間には大きな囲炉裏。正子さんは我が家に帰ったかのように床の間を背に胡坐《あぐら》座りをして落ち着いた。脚の痛さもあるために座椅子に三枚の座布団が敷かれていた。隣に福森さんが座り、まずは一服。

正子さんが普段使いする茶碗が出された。

「この茶碗は正子さんのお宅にありましたね？」と問うと、

「伊賀焼よ。福森さんが焼いたものよ」

福森さんは米も野菜も作る。山菜を摘み、魚を釣り、即興で料理する。続いて大皿に盛られた伊賀牛が出された。

正子さんは大きな目をさらに大きく、口も大きく開けて大喜び。

「伊賀牛は久しぶり！　この大皿に良く合うわ」

蓮弁《れんべん》の大皿は福森さんの近作、穴窯で焼いたものだと言う。

「穴窯ってね、土を掘ってそこに皿を置いて、上から藁《わら》を載せて焼き上げるのよ」

話が終わるや、目の前に焼き上がった牛肉が供された。

正子さんは肉を頬張ると、「ムシャリ、ムシャリ」。

窮屈なことが嫌いな正子さんは、

「難しいことはどうでもいいのよ。ただ気持ちがいいから、愉《たの》しいから、するだけのことよ」

齢《よわい》八十四とは思えぬ食いっぷりに私の心は弾んでいく。


昼下がりの集落をのんびりと歩いた。静かな里山だった。犬の吠える声が聞こえるばかりである。

収穫が終わった柿の木に、ぽつんと朱色が残っているのを見かけた。

木の天辺《てっぺん》に二つほど、実が残っていた。正子さんから「木守柿《きもりがき》」と教えてもらった。

来年はもっと実って欲しいというおまじない。

あるいは冬場に食べ物を探す鳥たちのためのもの。

それは、自然に対する一種の礼節だろうか。

その情景に、正子さんの随筆『夕顔』の一節が浮かんできた。


田舎に住んで、まともな生活をしている人々を、私は尊敬こそすれ、田舎者とはいわない。都会の中で恥も外聞もなくふるまう人種を、イナカモンと呼ぶのである。

人の数が多い都会では、お互いが気持ちよく過ごすための配慮を欠いてはいけない。正子さんらしいその指摘に、糸をたぐるように過去の出来事を思い出した。

イタリアからの旅路。トランジットで数時間過ごすことになったロビーはかなりの人で混雑していた。

健さんは隅にある椅子に腰かけると、手荷物を膝《ひざ》に抱えこむ。続いて自前の上着を丁寧にたたむと、その上にノートパソコンを安定させた。キーボードの上で不器用に指を動かし始めるも、背中は徐々に丸まってくる。

私はすぐ傍の椅子に手荷物を置いて、健さんを見守っていた。

しばらくしたら、健さんから呼ばれた。

「見てごらん、周りにどれだけの人が立っているか」

「あっ、はい」

「椅子は人が座るためのものだよ。荷物を置く場所じゃないんだ」

私は慌てて近くに立っている女性に、「プリーズ、プリーズ」と声掛けし自分の荷物を抱えこんだ。

私の背筋は、すっくと伸びたっけ……。


そんなことを思い出しながら、正子さんを乗せた車は洛西《らくせい》エリアへと向かった。

嵯峨野の愛宕《あたご》神社、その参道に店を出す鮎茶屋「平野屋」の落ち鮎が今回の旅の目的だった。

石段を登り赤い鳥居をくぐり平野屋の暖簾《のれん》をくぐる。

「おこしやす」、若女将《おかみ》の声に正子さんの顔はまたもほころぶ。通された奥座敷は保津川《ほつがわ》からのせせらぎの音が心地よい。

「私は鮎を食べに来たのだからほかのものは遠慮するわ」

心得ている女将さんは自慢の焼き松茸《まつたけ》、湯豆腐、名物の志《し》んこ（だんご）は一切出さず、焼き立ての鮎塩焼きのみを供する。

「ここは焼き方がいいの。まるで生きて清流を泳ぐ鮎のようよ」

間合いを開けて二尾三尾。

「いつも思うことがあるのよ。こちらでの鮎。これが最後になるかしらってね。若いあなたにはわからないと思うけど……」

そう言いながら綺麗《きれい》に食べつくした正子さんは、

「満足よ。今日はここでおしまい」

私は素《す》っ頓狂《とんきょう》に、「あの、まだ時間はありますけど」

「ここまで来て、周りに国宝がたくさんあって、何処へも行かず、何も観ず、嗚呼《ああ》、退屈だわ、と思う気持ち。こんな贅沢《ぜいたく》、なかなかないわよ」

正子さんの言葉を理解するのに、幾年月の時が必要であったことは言うまでもない。

□

クライマックスとなった京都の旅を終え、『アサヒグラフ　白洲正子　清々《すが》しき遊び』が発売された。その翌日、午前十一時過ぎに電話が鳴った。

健さんからだった。ちょうど、映画『四十七人の刺客』の撮影で、数日の休息日だったようだ。

「『アサヒグラフ』に白洲正子さんが出ているぞ！　読んだか？」

「それは私がまとめたものです」

「時間があったら白洲さんの話を聞かせてくれ」

私が日程を提案すると、

「オーケー」、話はすぐに決まった。

その日の昼下がり、私は高輪《たかなわ》のホテルの珈琲《コーヒー》ショップに居た。

「取材、長かったのか？」

「はい。今回は十カ月でした。おかげで、名だたる骨董品を普段遣《づか》いする暮らしぶりを見られました。そして、正子さんと京都で落ち鮎も食べました」


健さんが関心を寄せたのは、「熊野《くまの》古道の椿」だった。

正子さんは花が好きで、庭には四季折々の花を絶やさなかった。

ことに椿の花が好きで、十種類以上も育てていた。

「滅多にお目にかかれない椿が見られるわよ」

正子さんが教えてくれた場所が京都を南に下った熊野（和歌山県）だった。

「熊野古道は祈りの道。

いにしえの旅人がどのような思いで歩みを進めたのか、古道に咲く椿をどんな心地で眺めたのか。自分の目で確かめるといいわ」

奈良盆地に三輪《みわ》山があり檜原《ひのはら》神社がある。正子さんが、「ここから眺める大和《やまと》国原の景色は実に美しい」と言っていた。

さぁ、そこを起点にして三重のお伊勢《いせ》参りをして、和歌山の中辺路《なかへじ》を経て熊野古道の椿を目指そう。

早朝、参拝した伊勢神宮の神々しさはこの世のものとは思えなかった。穢《けが》れない光に全身を洗われ、先を目指した。

歩きに歩く熊野古道。膨大な時を経た岩や樹木、山々に囀《さえず》る鳥たち、命あるものすべてが懸命に生きている。峠に民家がポツンとあり、麓《ふもと》の田畑では人影が動く。こうした暮らしの営みが懐かしい。

山の中の熊野古道は日暮れが早い。心寂しくなった頃に、バスがやってきた。私が飛び乗ったバスは山道を下っていく。途中、大きく揺れた。瞬間、山の辺に赤いものが揺れた。

「椿だ！」

葉は夕陽に艶やかに光り、花は鮮やかな紅を放っていた。

正子さんが見た「美しい椿」はこの山の辺の椿ではなかったか。

それを自分の目で確かめたくって、その日の最終バスを飛び降りてしまった。

私は深緑の葉からちょこんと顔を出した椿をしゃがみ込んで覗《のぞ》き込む。

「あなたほど美しい椿を見たことがないわ」

そう声を掛け、椿の声に耳を澄ませる。

ふと我に還《かえ》り、バス停の時刻表を見ても先ほどのバスが最終であることには変わりはない。

□

「そのあと、正子さんならどうするだろう」

健さんが珈琲カップを掌《てのひら》に包み込みながら訊いた。

「正子さんならその地に住む知り合いを訪ねて、今、見た椿の美しさを一晩語りつくすでしょうね」

「谷はどうしたの？」

「日焼けしたおじさんが運転する、仕事帰りの軽トラに手を挙げヒッチハイクしました」

健さんは大笑いしながら、

「タクシー代を貸してやるからタクシーを呼べよ」

私は頭《こうべ》を振りながら、

「見上げれば雲ひとつなく、東の山並みから月が姿を現しました」

その遠景に随筆『夕顔』の一節が重なった。

東京の街なかで見ると、月も作り物の月みたいで、
一向に感銘をうけないが、山の中ではいくら見ても見飽きない。
そこには宇宙旅行の月とは何の関係もなく、
西行法師や明恵上人が見たのと同じ月が澄んでいるのである。

正子さんが愛する山河で見た月が、鮮やかに目に浮かぶ名文だった。

その言葉に健さんは感服していた。

演じることを生業《なりわい》とする健さんが肝に銘じていたこと。

それは、生き方が芝居に出る。テクニックなど論外であった。

二人に通ずることは、〈ホンモノ〉を知りたいという思いを胸に秘め生き抜いたことだろう。


話が愉快になると、健さんは、「あんみつ食べないか」と誘ってくれる。顔見知りのウエイターを呼び、時には、「あんこ入っていますね」と訊いて、カロリー制限している時は、「あんこは要りませ〜ん」とお茶目に言うのだった。

「谷！　いい仕事をしたなぁ」

健さんから一度も褒めてもらったことのない私にはこの言葉は生涯の宝物となった。

正子さんから頂いた『夕顔』を健さんに渡した。

「ありがとう。『夕顔』か、良いタイトルだね。今晩、一気に読むぞ」

カフェの支払いを済ませた健さんは、軽やかにホテルの中庭を去って行く。

白洲正子さん
平成5（1993）年10月、三重・伊賀市にて
（『アサヒグラフ』1994年1月21日号、撮影・石動弘喜）

この人あたり感、何処かで……。
そうだ、正子さんと健さん！
ふたりは似たような「体温」と「エネルギー」を感じさせてくれるのだ。
嗚呼、快哉《かいさい》！

白洲正子『かくれ里』

昭和四十六（一九七一）年に上梓《じょうし》された、白洲正子さんの名著『かくれ里』。日本が高度成長に沸く時代、あえて近江《おうみ》、京都、大和、越前《えちぜん》の杣道《そまみち》を行けば、ひっそりうら寂れた村里があり、鎮守の社や修験の寺が遺されている。

そして、そこには客寄せの道具としてむやみに公開されず、村人たちに守られ続ける能面・絵画・陶器などの古美術品が保存されている。

そんな閑寂な山里を求め歩いた、正子さんならではの紀行エッセイである。冒頭に次のように記されている。

毎月のように取材に出るが、肝心の目的よりわき道へそれる方がおもしろくて、いつも編集者さんに迷惑をかける。

が、お能には橋掛り、歌舞伎にも花道があるように、とかく人生は結果より、そこへ行きつくまでの道中の方に魅力があるようだ。

正子さんの旅の極意は〝出たとこ勝負〟。

それは健さんも同様だ。撮影が終われば、海外へ赴き、気ままな時間の、ちょっとした出来事や出会いを愉しみにしていた。

『四十七人の刺客』（一九九四）のクランクアップの日、私は健さんに贈り物を考えていた。心のうちに決めていたものは正子さんから譲られた白磁の花瓶であり、そこに挿す花をどうしたものかと。

私の家の庭に、幸運にも紅椿《べにつばき》の蕾《つぼみ》が一輪だけ残っていた。

健さんを撮影所に訪問する前日、椿の枝を切り、正子さんに教えてもらった水あげを丁寧に試みた。

翌朝、程よく開いた椿を花瓶に挿し撮影所へ向かった。

控室の扉をそっと開けると、スタッフと語る笑顔の健さんがいた。

私が差し出した椿の花を健さんは大事そうに受け取った。

「これは京都で焼かれたもので、正子さんのお気に入りの陶芸家の作品なんです」

「ありがとう。この花器いいなあ。椿が美しく見えるよ。家に帰ったら、おふくろに供えるよ」

と言ってくれた。

テーブルに置かれたその〝景色〟を見ながら、健さんが一言呟《つぶや》いた。

「旅がしたいな〜」

その年の七月、我々は長野県坂城町《さかきまち》にある鍛錬《たんれん》道場へ向かっていた。

ここは健さんが信頼する刀匠・宮入行平《みやいりゆきひら》さんの仕事場があり、今はご子息の恵《けい》さんが跡を継いでいる。

行平さんは戦後日本を代表する刀匠であり、よい刀を作るにはよい鉄が必要であると考え、古い兜《かぶと》や古い釘《くぎ》を混ぜるなど様々な工夫を試みたという。それだけでなく、古名刀の写しを制作するなど研究を深め、人間国宝となった人である。

健さんの刀剣のコレクションは長かったが、行平さんの刀を見た時、

「刀は人を殺《あや》めるための武器だと思っていたが、世の平安を祈願するためのものでもあった」

いつか宮入さんの道場を訪ねたい——健さんはそう願った。

訪ねた道場で表情は一変、まるで神仏と向き合うかのような凛《りん》とした姿勢に我々は後退《あとずさ》った。

やがて、中庭に案内されると、奥様の手料理がテーブルいっぱいに並んでいた。

健さんは蕎麦を油で揚げた一品に手を伸ばし、「これ、美味しいね」、家庭の味を頬張っていった。

宿は恵さんから紹介されていた。

向かうは車で一時間ほどの霊泉寺《れいせんじ》温泉で、恵さんにとっての『かくれ里』だった。古刹《こさつ》

刀匠・宮入行平さんの鍛錬道場を訪ねたいという願いは叶った。刀と対峙した健さんの姿に圧倒された
平成6（1994）年（朝日新聞社）

霊泉寺の寺湯として生きながらえてきた、山あいに湧くたった数軒の小さな温泉場だという。

恵さんは我々の乗った車を見送る時、

「高倉さん、気に入ってくれるでしょうか」と心配げな表情であった。

到着した地には食事処《どころ》も土産物屋も見当たらず、時が止まったような静けさがあった。

宿は築百年を超える木造の建物で四室を家族で切り盛りしているという。

各自が自分の部屋に荷物を運び込むと健さんは目敏《めざと》く階下へ降りていった。

宿の帳場にはおばあちゃんが一人で座っていた。

健さんは、

「こんにちは。お世話になります」

と言いながら隣に座りこむ。

おばあちゃんは鼻眼鏡のまま健さんをじぃーっと見つめた。

「あなたはたしか映画に出てくる有名な方ね。何処へ行っても騒がれて大変でしょう。ところでご結婚はされているの？」

滅多に聞かれない質問をされた健さんは言葉に窮している。

おばあちゃんは続けた。

「結婚しても隠しておけばいい。歳は待ってはくれませんよ」

そう言ってほほ笑んだ。

聞くところによれば明治三十七（一九〇四）年生まれの九十歳だという。

「僕のおふくろもおばあちゃんみたいに小柄な女性《ひと》でした。生まれは九州で考え方はとても古かった。

おばあちゃんみたいに新しいものの考え方をする人だったら僕も好きな女性を隠しておいたのに。残念です（笑）」

健さんが江利《えり》チエミさんと結婚したのは昭和三十四（一九五九）年のこと。親族間の金銭をめぐるスキャンダラスな噂の中で結婚生活は十二年で終わりを告げた。

これまで健さんに「結婚」と「離婚」のことを訊く人もいなかったが、この時は違った。健さんは正座したまましばらくそのおばあちゃんと話し込む。

この日のカメラマンは健さんにとっては初対面。多少他人行儀な雰囲気が流れていたが、このおばあちゃんのお陰か健さんの様子が変わった。

「夕食前にお湯に浸《つ》かってください」とおばあちゃんが言うと、健さんは明るい声で、「は～い。(お湯を)頂きます」と答えていた。

そのやり取りを耳にした私は急いで風呂《ふろ》の下見に行った。

宿の廊下の奥に浴室があった。湯口からは飲泉もできる源泉が絶え間なく流れていた。無色透明でぬめり感がある湯。

聞けば昭和三十年代までは自炊の宿として近隣の農家の人たちが湯治で訪れたそうだ。夕方になると廊下が炊事場に変わり、宿から振舞われた豆腐一丁をみそ汁にしたり湯豆腐にしたり。

農家の人々にとっては働いて働いて、やっと迎えた農閑期。

これ以上の「いのちの洗濯」はなかったのだろう。

しかし最近はそんな慣習もなくなり長期滞在する客も減ったという。

夕食のあとミーティングルームに浴衣姿の健さんがひょいと顔を出した。健さんの前では誰もが禁酒禁煙が原則だったが、今日は違っていた。すでにお酒も入り煙草をふかしている者もいた。

慌てて窓を開け浴衣の裾《すそ》を合わせるスタッフをよそに健さんはどっかり腰を下ろし立膝座りのまま壁に寄り掛かった。

「さっき風呂に入っていたら急に思い出しちゃったんだよ。

昔、『網走《あばしり》番外地（シリーズ）』の撮影が続いた頃ね。飯を食う前に風呂へ行くと、玉川《たまがわ》(良一《りょういち》)さんが鍛え上げた喉で浪花節を唸っていた。

一曲が長いからね。こっちが茹《ゆだ》っちゃうんだよ。

けど、良いんだ。

俺が、『待ってました、名調子！』と言うと、次を演《や》ってくれる。俺が次から次へお願いするものだからね。

終《しま》いには、『もう勘弁してくれよ。早く麻雀《マージャン》に行きたいよ』って(笑)。

玉川さん、次の日にはカセットテープを風呂場に持ってきてね。

『健ちゃん。これを聴いてもらっていいかい』(笑)」

部屋中が笑いの渦に包まれると健さんは満足げに部屋へ帰っていった。

翌朝カメラマンが、「浴衣《ゆかた》姿が撮れたらなぁ」と独り言。

今度は私に、「二階の部屋から顔を出してもらえないでしょうか」と言った。

これまで健さんの浴衣姿を撮影したことは一度もない。

まっ、断られて元々と思いながらお願いしてみると、

「いいよ。じゃあ、すぐに撮っちゃおう」

意外にも健さんはあっさり承知し、顔を出すばかりか読みかけの本を手に窓の欄干に座ってくれた。

宿はチェックアウトの時間も気にせず昼までのんびりさせてもらい、私たちは帰りの支度を始めた。

「見送りしよう」と宿の家族全員が顔を揃えている。

帳場から腰を上げたおばあちゃんの手を健さんは握り、ゆっくりと外に出てきた。

そして、自分の名刺を出しておばあちゃんに渡している。

霊泉寺温泉の朝、健さんは早くに目覚め、ひとりの時間を楽しむ。その姿は好きな読書をしていた少年の頃を想像させた。
平成6（1994）年（朝日新聞社）

「これは僕の名刺です。何か困ったことがあったら、いつでも連絡をください。すぐに駆けつけますから」

そう言って手を握り直した。

おばあちゃんは大事そうに名刺を胸元におさめた。

初夏の空は青く澄んでいた。

帰りの車で健さんは呟いた。

「やさしい土地、やさしい人たちだったなぁ」


晩年の正子さんとご一緒した「伊賀・京都の里」。健さんと旅した「信州の里」。

それぞれの道草のさなか、お二人の感嘆の言葉に触れることができた。

その言葉は歳を重ねるごとに綺羅星の如く輝きはじめている。

お二人が愛した日本、そして旅の流儀をいましみじみと思い出している。

おばあちゃんのあたたかな人柄に触れて……
平成６（1994）年（朝日新聞社）

第五章　本名でいられた場所

健さんからの手紙

健さんが誰にも気兼ねなく、ただ好きだったものとは、珈琲《コーヒー》、ボクシング、都わすれの花、井上陽水《いのうえようすい》の曲『少年時代』、そして手紙……。

人に手紙を書くことと人から手紙をもらうことが好きだった。

突然の健さんの訃《ふ》報《ほう》からすでに十年の歳月が過ぎた。この間、私は改めて健さんから頂いた手紙を読み直した。

昭和六十（一九八五）年一月に映画『夜叉』で初めてインタビューをしてから健さんが亡くなるまで、三十年の間に交わした私信は八十通ほどになる。

語りかけるように綴《つづ》られた言葉は、一度読むとずっと心に残り支えてくれる。手紙でさえも名作だった。

□

ハリウッド映画の大作『ブラック・レイン』（一九八九）公開の翌年のこと。

当時、私は結婚も出産したことも、健さんには一切話していなかった。

娘が生まれて一カ月後、ビッグ・サプライズが起きた。

朝八時過ぎに玄関チャイムが鳴った。扉を開ければ顔なじみの配達員だった。

「お届けものです」

私は予想もしていなかった大きな荷に驚き、送り主を確認し、

「ウヒャ〜！　嬉《うれ》しい！」と悲鳴に近い声をあげた。

すると、配達員はまじまじと配達票を見返し、

「高倉健さん!?　同姓同名ですか」

私は、「いいえ、俳優の、ご本人です」と答えた。

配達員は、「じゃ、貴方《あなた》は女優さん（笑）」

私は「ちょっと、待ってね」と奥の部屋から健さんと私が写る写真を持ってくる。

配達員はその写真を見て「ウワァ〜、スゴイや！」

私はどんなに喜んだか。

ベビーカー、それもまだ購入していない最後の大物。よくぞこの品物を贈ってくださった！

後でわかったことだが、撮影現場でいつも色々よくしてくれる小道具の市《いっ》ちゃんがこっそり知らせてくれたらしい。

そこには健さんらしいユーモアにあふれる手紙が添えられていた。

谷《たに》　充代《みちよ》　様

お姫様御誕生本当におめでとうございます。

心からお祝い申し上げます。

どうぞ性格の飛び切りいい女性にお育てください。

花婿候補の一人として強く希望します。

お姫様のお散歩のお供に使って戴《いただ》ければ嬉しいです。

年の瀬に向かいます。呉々も御身体お大事に。

御主人様にもよろしく。

平成二年十二月六日

高倉　健

健さんの真心がそこにあった。

私は「三つ子の魂百まで」という古《いにしえ》の訓《おし》えを守り、しばらくは育児に専念するつもりでいた。その間、健さんから「読んでおいたほうがいい」と勧められていた本と向き合うことができた。

中でも高倉健と縁あった映画監督のノンフィクション本は圧巻だった。

健さんに「本を読め」とアドバイスした監督の書『夢を吐く　人間内田吐夢《うちだとむ》』。

網走番外地シリーズの生みの親、『石井輝男《いしいてるお》映画魂』。

東映任侠映画の中核を担った、『将軍と呼ばれた男　映画監督　山下耕作《やましたこうさく》』。


健さんが二十一本のコンビを組んだ降旗康男《ふるはたやすお》監督とは一献を傾ける機会があった。

いつも撮影がクランクアップした年の年賀状には、「一杯を愉《たの》しみに」と直筆が入っていた。

私はメールに、「ではでは、桜を愛《め》でながら」と送ると、翌日の朝八時には具体的な日取りの相談が来ていた。

こよなく酒を愛した監督のために魚の旨《うま》い渋谷の「のんべい横丁」の一軒へ。

その時に伺った降旗流読書法は、

「毎朝四時頃には起きて、静寂な中での読書時間。これが僕の健康法かな」

ほっほっほー、とご機嫌に笑う。

以来、私もこの読書法を習慣にしている。

さて、健さんのベビーカーに乗った娘はすくすくと成長した。
ある年、大粒のマスカットが届いた。

谷　充代　様

いつもお心遣いを戴き有難《ありがと》う。
いよいよ夏が近づいてきました。
本日岡山の季節の香りをお送りしました。
ご賞味下さい。

平成八年五月二十七日

高倉　健

追伸　東京のヒバリーヒルズの住みごこちはいかがですか。

私が東京都下の「ひばりが丘《おか》」に転居したことを知った健さんの「追伸」に一人笑って

しまった。
お礼の手紙を書いたのが、五歳になった娘だった。
「おじちゃん、ありがとう」、拙《つたな》い文字で綴《つづ》った。
後日、カフェで待ち合わせていた私に会うや、健さんは、
「誰かと思ったよ！　子供から手紙なんか、貰《もら》ったことないもんなあ！」
照れくさそうな笑顔を見せて腰を下ろした。
筆まめな健さんの手紙は律儀でユーモアもあり……。
健さんが本名の「小田剛一《おだたけいち》」でいられた場所が手紙だったのだろう。

健さん片想いの会

かつて「健さん片想いの会」という集いを開いていた頃がある。

別にそれほど大げさな活動ではない。

健さんと一緒に仕事をした人、そして映画ファン、高倉健ファンが集まり、ワイワイ語り合う会である。

健さんに相談すると、条件はただひとつ、

「フィルムを借りる時も上映する場所もきちんと金を払うこと。

誰にも借りをつくるなよ」

そうそう見られない任俠映画のフィルムを、本人のコレクションから貸し出してもらえることもあった。

この日の上映作品はメンバーによるアンケートで『ジャコ萬《まん》と鉄《てつ》』（一九六四）と決まった。

監督・深作欣二《ふかさくきんじ》、脚本・黒澤明《くろさわあきら》×谷口千吉《たにぐちせんきち》、主演・高倉健。しかも敵役・丹波哲郎《たんばてつろう》という夢のような顔合わせ！

ゾクゾクするほど美しい白黒の映像。斬新なカメラワーク。

当時三十二歳の健さんは、すでに独特の存在感を示し始めてブレイク直前だった。

物語の始まりは北海道。三月の鰊《にしん》の漁期が訪れると、秋田から津軽《つがる》から、山から畑から、出稼ぎ漁夫（やん衆）が集まってくる。

終戦後間もない積丹《しやこたん》半島カムイ岬。漁場を仕切る親方・九兵衛。やり方は非道で利益はほぼ独占、病人すら漁に出し、やん衆からは不満爆発。

そこへ現れた樺太《からふと》帰りの無法者・ジャコ萬（丹波哲郎）と九兵衛の息子・鉄（高倉健）。血気盛んな荒くれ漢《おとこ》二人の大格闘が始まる！

会に参加するメンバーたちへサプライズな贈り物はないかと考えた私は、図々しくも、「来たる『片想いの会』に何かメッセージをいただけないものでしょうか」と健さんに手紙を書いた。

それから間もなく厚手の封書が届いた。

ワクワクしながら封を切ると、一本のカセットテープが出てきた。さっそくテープを再生すると、ギター曲が静かに流れ出した。想いが感じられるイントロに続いて健さんが語り始めた。

今日上映される映画は『ジャコ萬と鉄』と聞いています。

六四年の作品ですから、あれからもう三十年という時が流れました。

ちょうどこの映画を撮る歳ぐらいから、映画に本腰を入れて取り組むようになった気がします。

他に夢中になるものがなかったのかもしれませんが、なんだか自分がもらっているギャラのことさえ忘れて……。

冬のたしか十二月二十日くらいだったと思います。

積丹半島の突端でフンドシ一つになって、鉄が海に飛び込んで船を引き揚げるシーンを撮影していたことを、とても鮮烈に覚えています。

気温がマイナス十六度、嵐のシーンなので二十メートル近い風が吹いていたような記憶があります。

土地の漁師たちが、

「健さん、絶対に危ないから、死ぬからやめなさい」、

というのを強引に撮影してしまって……。

撮影が終わってから凄《すご》く気分が悪くなって吐いたのを覚えています。

あれが映画に対する情熱というのか、自分自身の欲求不満なのかいまだにわかりませんが、ちょうどこの歳くらいから、何か夢中になって撮影の現場に行き始めたと思います……。

東映第二期「ニューフェイス」に合格、二十四歳で俳優座養成所に預けられた健さん。入った途端にパントマイムをやらされるが、「すいません、できません」。白タイツ姿でバレエをやってもダメ、日本舞踊は、なおダメ。

あまりの不器用さに、「君は向かない。何百人も生徒を見ているが、悪いこと言わないからやめなさい」と、指導者に決定的なことを言われる。

その言葉が「負けるもんか」という生来の意地に火を付け、半世紀あまりの俳優道を歩いてこられたのだと思う。

一度心が動いたらその事に一心不乱になるということは重々承知していたが、まさかこうも完璧《かんぺき》な声の便りを作ってくださるとは、正直、戸惑いながらも嬉しさを噛《か》みしめた。

勝手な推測になるが、私の手紙を受けとったその日から、健さんの頭の中は『ジャコ萬と鉄』のことでいっぱいになったと思う。北海道の荒れ狂う海で撮影した当時を思い出し、その思いをメモに書きとめては推敲《すいこう》しながら、自分の心に感じる音曲を探す。

そして夜が更けた頃、カセットデッキにテープを入れ、マイクをセットし録音ボタンを押す。自分が「これでいい」と思うまで、きっと幾度も録り直しをしたことだろう。

サプライズ・テープのことは誰にも話さずに会の日を迎えた。会場の照明を落としテープをスタートさせた。音楽が流れ、健さんの語りが始まると、驚きの声が上がった。衝立《ついたて》の向こうに健さんがいるのではと、キョロキョロ見回す人もいた。

健さんは、「ありがとうございます」と言って喜ぶ人の〝目〟が何よりも好きだった。

そのために多くの時間を遣って驚かせる方法を考えるのだ。

映画『ホタル』のロケ地・長野の蓼科《たてしな》を訪れた時のこと。

撮影が終わり自前の服に着替えた健さんに、

「今日、お召しのセーター、あったかそうですね」

と言ったら、

「谷！　欲しいか」

と一言。

「あっ、はい」と素直に返事をした。


先方が間違えたのか、健さんが間違えたのか、かなり高級なセーターが後日、私のもとに届いた。包みを開け、「あらっ？」と思いながらも袖《そで》を通してみた。

翌日、健さんから電話があった。

「谷！　荷物は届いたか？　そのセーター、注文を間違えたみたいだ。

えっー?!　もう着ちゃったのか。そ、そうか。大切に着ろよ～」

実際に注文ミスだったのかどうか、あの時はわからなかったけれど、「こっちの形のほうがいいよ」という健さんの演技賞に値するやさしさだったのかな、と今になって思う。

「お母様との暮らし、悔いのないように」

健さんが、『単騎、千里を走る。』（二〇〇六）以来、六年ぶりに出演した主演映画『あなたへ』。

劇場初日は六年間ずっと待っていたであろう中高年の人たちが多かった。それもご夫婦で久しぶりの映画館、そんな人間模様に溢《あふ》れていた。

北陸のある刑務所の指導技官・倉島英二（高倉健）のもとに、ある日、亡き妻・洋子（田中裕子《たなかゆうこ》）が書いた絵手紙が届けられる。

そこには、一羽のスズメの絵と共に、

「故郷の海を訪れ、散骨して欲しい」との想いが記されていた。

長く連れ添った妻とはお互いを理解しあえていたと思っていたのだが、妻はなぜ生前その想いを伝えてくれなかったのか……。

そして、もう一葉は、洋子の故郷・長崎県平戸《ひらど》市の郵便局への〝局留め郵便〟だった。その受け取り期限まであと十日。

亡くなった妻の真意を知るために、自分で内装をしたワンボックスカーで、一人旅を始める英二。

その旅は富山から始まり飛驒高山《ひだたかやま》、京都、大阪、竹田《たけだ》城、瀬戸内《せとうち》、下関《しものせき》、北九州《きたきゅうしゅう》市の門司《もじ》、そして洋子の故郷である平戸の漁港・薄香《うすか》へと続く。

人生の終末、愛する人との別れは必然である。

「いつか」は誰にも訪れ、そして残される者がいる。

健さんが演じたのは、「人生で本当に大切なものとは何か」に気づかされる男の役である。

『あなたへ』がクランクアップしたあとも、健さんが持ち続けた映画への情熱は尽きることはなかった。

「やっぱり人の命ってのはどう努力したって限りがある。だからもう一本映画を撮りたい。とってもやりたいね」

□

昭和三十年代、庶民の娯楽は映画であった。私が小学校へ上がる前、母に連れられて映画をよく観に出かけた。母は中村錦之助《なかむらきんのすけ》（のちの萬屋《よろずや》錦之助）の大ファンで主演映画の封切りを待った。私は美空《みそら》ひばりが好きだった。

健さんもお二人と共演している。錦之助さんでいえば内田吐夢監督『宮本武蔵シリーズ』の佐々木小次郎役。

ひばりさんでいえば『べらんめえ芸者シリーズ』。健さんにはのちの「死んで貰《もら》います」の気配はなく、明るく爽やかな役柄だった。

私は出版社に勤務後、フリーライターで独り立ちした。その直後のこと、健さん取材の機会を得た。喜んだのは映画好きの母だった。

携帯電話がまだ普及していない時代、用事があった時は健さんから自宅にも電話を頂いた。私が不在の時は母が電話に出る。

「お母さん、谷君は親孝行していますか」と、いつも声掛けしてくださったようだ。

「相手に緊張をさせない、やさしさが伝わってくる」と母は感激していた。

戦中、戦後を生き抜いた大正生まれの母が八十八歳を過ぎた頃、初めて弱音を吐いた。

「脚が痛い」という。それから徐々に一人歩きが危うくなってきた。

私は仕事中心の生活から母の介護を中心に置いた。

前述の映画『あなたへ』が公開された翌年、私は近況報告を添えて、健さんに残暑見舞いのささやかな品を贈った。

毎年この時期になると、健さんはしゃがれ声になる。

夏の酷暑の後は新宿「タカノ」や銀座《ぎんざ》「千疋屋《せんびきや》」からフルーツを贈っていたが、この時は喉《のど》に良いと言われる梨を贈ったように記憶する。

日ならずして見覚えのある厚手の封筒が届いた。

谷　充代　様

残暑見舞いをありがとう。
お陰様でこの夏も乗り切れそうです。
お母様との暮らし、悔いのないように……。
大切なのは、自分の心。無理せず、くれぐれもご自愛を。

二〇一三年八月二十八日

高倉　健

「お母さんとの残された時間、悔いのないよう歩んでください。
大切なものは、探さなくても目の前にあります」
耳を澄ませば、健さんの声なき声を聴いたようだった。
健さんはその手紙を最後に、平成二十六年（二〇一四）年十一月十日に他界した。

仕事、仲間、人生……健さんの背中は何を語ったか。私は四半世紀に亘《わた》る取材を一冊にまとめた。

その本が手元に来た時、九十歳になった母はベッドに腰掛けていた。

昨秋、健さんが亡くなったことを話した時、涙を浮かべた母であったが本を手渡すと、

「お元気かしら。きっと喜んでくれるね」

その日、認知症の兆しが見えてきていた母の心に健さんが蘇《よみがえ》ったのだった。

「きっと、電話があるわね」

「とっても甘いみかんのお礼はしたの？」

母は健さんとの電話でのおしゃべりを懐かしがった。

介護の日々にあって、健さんの愛読書『男のリズム』を読み返した。池波正太郎《いけなみしょうたろう》さんのエッセイに通底するのは、人はみな死ぬということ。だから平凡だけれど毎日を一生懸命考えて生きる。

池波さんは自身の家族観をこう語っている。

残された時間を意識することが、身内にやさしく接することにもつながった。

この言葉は、母との暮らしを支える大きな力となった。

歩行困難になっていく母のために段差の少ない住まいに移った。

寂しがるかと思えば、窓から見える景色を少女時代に過ごした町の景色に似ていると言い、穏やかな時を過ごした。

それから一年六カ月後、母は九十三歳で天界へと旅立った。

第六章　託されたカセットテープ

長尾三郎『生き仏になった落ちこぼれ　酒井雄哉大阿闍梨の二千日回峰行』

健さんが亡くなる四日前に病床で綴ったという最期の手記が、『文藝春秋』二〇一五年一月号に掲載された。

健さんは同手記で、比叡山延暦寺《ひえいざんえんりゃくじ》の酒井《さかい》雄哉《ゆうさい》大阿闍梨《だいあじゃり》との交流を書き留めている。俳優と仏門という違いはあれど、二人は与えられた道を究める中で、互いに認め合い、信頼の絆で結ばれていた。

生き仏ともいわれる〝阿闍梨〟とは、壮絶な修行千日回峯行《せんにちかいほうぎょう》ののち認められる。酒井さんは一九八〇年と一九八七年の二度満行されている。千年をこす比叡山の歴史の中で、二度の満行を成功させたのはたった三人しかいらっしゃらない。

（中略）

いつも温和な阿闍梨さんが香を焚き経を唱え始めると、その煙が微動だにせず、真っすぐにひたすらまっすぐに立ち上っていった。その様にただならぬ気を感じた僕は、阿闍梨さんにそのことを伝えると、ご覧になりましたか。というように、ただ静かに頷かれていらした。

「南極物語」という映画のオファーを受け、出演を迷っていた時、阿闍梨さんに戴いた言葉は、「往く道は精進にして、忍びて終わり、悔いなし」。

阿闍梨さんからの最大のエールに思えた。

□

いつだったろうか、私は健さんが比叡山へ向かう理由を尋ねたことがある。健さんは急にまじめな表情を浮かべて座り直すと、

「今から話すこと、きちんと書いとけよ」

と言った。その時、私はメモする鉛筆を握り直した。

「生きていると、声も出ないほど打ちのめされることがある。僕もつらいことがあって、比叡山の滝に打たれに行ったことがあった。滝行は、最初に右腕を出して流れ落ちる滝に当て、ついで左腕と順に身体のあちこちに水をかけていく。そうしないと心臓麻痺《まひ》を起こしてしまう。準備を終えると、滝に打たれながら合掌し、一心にお経を唱えるんだ」

この時の健さんは、昭和四十五（一九七〇）年一月の火事による自宅全焼、翌年の九月には愛妻の江利《えり》チエミさんと離婚するなど、なぜか不幸続きだった。

健さんはひと月に一度、一年を通じて自分からお滝を受けにいったという。最初に受け入れをしてくれたのは、先代の箱崎文応大僧正《はこざきぶんおうだいそうじょう》。健さんに対して余計な対応はせず、一修行者として扱った。

「口もきいてくれない。お辞儀しても知らん顔。〝ちくしょう……〟と思ったこともあったよ」

箱崎大僧正が健さんに話しかけたのは滝を浴び始めて四カ月くらい経った頃である。

大僧正「お前は何しに来ている？」

高倉「自分でもわかりません」

大僧正「苦しいか？」

高倉「………」

健さんは当時を思い起こしながら話を続けた。

「僕は何も答えられず、ひたすら雑巾がけをしていた。

ナン十回目かのお滝を浴びに行った時、豪雨だった。僕はお滝だけやってすぐ帰るつもりだった。

(庭には誰もいない？)と思ったら、箱崎大僧正が素っ裸で豪雨の中、庭を掃いているの。寒いから手足がぶるぶる震えている。

どんなに修行しても寒いものは寒い。その様にショックを受けてね。

その頃、風呂《ふろ》も薪《まき》を燃やしてお湯を沸かす五右衛門《ごえもん》風呂。大変だな〜と思った。

それで、僕は『重油で沸く風呂を付けよう』と。みんなが喜んでくれたよ」

箱崎大僧正の死去後、健さんは、長寿院の跡を継いで住職となった酒井雄哉阿闍梨と親交を深めていく。

健さんから滝行の話を聞いて以来、私はいつか酒井阿闍梨を訪ねてみたいと思った。

その心が通じてか、ある日、健さんから、

「酒井さんのところに持っていって貰《もら》いたいものがある」

と渡された包み。

それを届けるために私は比叡に向かった。節分が過ぎた頃で、まだ雪が降り積もっていた。人家もまばらな細い山道を一人歩いた。

「道は間違っていないか」と不安がよぎる頃、お堂らしきものが見えてきた。

急いで行こうと気持ちが焦ってか、私は木の根っこに躓《つまず》いた。冷や汗をかきながら、お堂の中へ入るや、「こんにちは」と声を発した。

中から出てこられたのが、写真で見知っていた酒井阿闍梨だった。

「ようこそいらっしゃった」と言い、奥の部屋に導かれる。

健さんからの預かり物を渡すと、

「いつもこうして気持ちを届けてくださる。今日は珍しくご本人ではなかった」とほほ笑んだ。

酒井さんが淹《い》れてくださったお茶を頂く。

「おいしい」とだけ。

あとは何もしゃべらずに居ることが心地よかった。

この日は会話も少なく、来た山道を下った。

私のバッグには帰り際に、「読んでください」と言われて渡された本『生き仏になった落ちこぼれ　酒井雄哉大阿闍梨の二千日回峰行』が入っている。


大正十五（一九二六）年生まれの酒井さんは、中学受験に失敗し、特攻隊を志願するも予科練で出陣の機会もなく、多くの戦友の特攻の姿をただ見送るだけだった。

戦後は闇屋やセールスマンなど様々な職業を転々とし、株投資で失敗し多大な借金を抱える。三十二歳で結婚するが、僅《わず》か数カ月で妻に自殺されてしまった。悩んだ末、三十九歳の時に得度し比叡山延暦寺に入る。

後半では、命を削る千日回峰行の凄まじさが迫真の筆致で書かれている。

七年間で歩く行程は延べ四万キロ、地球一周分。死に装束を身にまとい、失敗した時の自害用の短剣を腰に差し、首からは首つり用の紐《ひも》、三途の川の渡し賃・六文銭を携えての回峰行、九日間の断食・断水・不眠・不臥《ふが》（横になれない）の「堂入り」……死を覚悟した壮絶な行である。

健さんはもちろん、この本を読み終えていた。のちに自身のエッセイに、「堂入り」についてこう記した。

四日目ごろから、お坊さんはしだいに弱り、手足が冷たくなってきた。うでや足に、むらさきのアザができた。自分のからだから、死臭がただよっているのがわかった。

（中略）

五日目、お坊さんの意識は、もうろうとしはじめた。山のなかを歩いているような、幻覚におそわれることもあった。

お坊さんの顔はロウ人形のように白かった。

「このまま、ミイラになれたら、どれほどしあわせだろう」

八日目、お坊さんはそう思った。骨に皮がついているだけだ。そのくらいヤセ細ってしまった。それでも、お経をとなえつづけた。

「生きて、ここから出られる」

九日目、お坊さんはそう思った。そのよろこびのなかから、気力がわいてきた。ぐぉーん、ぐぉーんとかねの音が、深い谷間にひびきわたった。お坊さんがお堂から出てくるあいずだ。信者さんたちから、歓声がわきおこった。

高倉健『南極のペンギン』

□

平成八（一九九六）年から十二（二〇〇〇）年までの五年間に亘《わた》り健さんがパーソナリティを務めたラジオ番組『高倉健　旅の途中で…』。

毎年一回、旅好きな健さんが、行く旅先で番組収録を行うというもの。

この年は、酒井さんが暮らす滋賀県大津《おおつ》市坂本本町《さかもとほんまち》の比叡山飯室谷長寿院《いいむろだにちようじゆいん》を訪ねることになった。

いよいよ来月、収録へとなった日、健さんから、

「酒井さんへのお土産だけど、紀州の減塩の梅干し。一粒ずつ包装されたアレを持っていこうと思う。忘れないでくれよ」

数日後、私のもとへ届いた包みを持ち上げて、「おやおや？」

以前、

「『酒井さんに届けて欲しいものがある』と渡されたあの包み。もしやこの梅干しではなかったろうか」

その予想は的中した。

健さんは、

「酒井さんは、七十代半ばになっても、真冬も毎朝、滝に打たれ、山を歩く。そして朝の行を終えると、食事に入る。毎朝、同じものを食べる。そばかうどん一杯、ごま豆腐半丁、茹《ゆ》でたジャガイモが一つか二つ。それを夕方にもう一度食べる。だからこの梅干しは喜ばれるんだよ」

そして健さんは、『生き仏になった落ちこぼれ―酒井雄哉大阿闍梨の二千日回峰行』を読み返して比叡へ向かった。

収録の日は雨だった。阿闍梨さんがお住まいの庫裏《くり》の周りは、白く冷たげな霧がびっしりと立ちこめていた。

阿闍梨さんとの対談は健さんが進行役。実にスムーズな滑り出しだった。

「千日回峰行」という修行の話から、三時半の起床に始まる今の生活、戦後の貧しい時代を生き抜いてきた波瀾《はらん》万丈なエピソード、そして絆《きずな》が薄れている社会に思うことなど。

そして締めくくりに。

高倉「新しい二十一世紀に向かって、
思い出すと元気が出るような言葉をいただけますか」

酒井「僕が今いちばん好きなのはね、『一日一生』という言葉なんです。
千日回峰行中、その日一日歩きまわり履き潰《つぶ》れた草鞋《わらじ》を脱ぎ、
明日はまた新しい草鞋を履く。
同じように今日の自分は今日で終わる、
明日にはまた新しい自分に生まれ変わってね。
昨日あった嫌なことも昨日でおしまい。

しこりを残さない。恨みを引きずらない。
一生懸命、今を大切にして、今をがんばった、
その積み重ねの先に、なりたい自分がいるのと違うかな」

その言葉に私の心は軽くなった。

お話が終わり、阿闍梨さんが淹れてくれた茶を両手に包み込むようにして飲んでいた健さん。

帰りの時刻を知らされた二人は外に出る。いつしか日も暮れて空には一番星が姿を見せていた。健さんは阿闍梨さんに向かうと深々と礼をした。

顔を上げた健さんは自分の首に巻いていたマフラーを外し、

「寒くなりました。身体を大切にしてください」

と言いながら阿闍梨さんの首に巻いた。

阿闍梨さんは目を細く細くしてほほ笑んだ。

京都のホテルへ向かう車中で、健さんが言った。

「一日一生、くよくよしても始まらない、か。過酷な修行を積んだ人にしか見えない世界がきっとあるんだろうな。

『大変でしたね』と問えば、『そうかい？』という感じで受け流せるのが凄《すご》いよ。

本物は、飾らないんだよな」


もうひとつ、阿闍梨さんの話題を。

健さんが好きな京都の甘味といえば、祇園《ぎおん》の近くにある「甘泉堂《かんせんどう》」の蒸し羊羹《ようかん》。

それと左京区《さきょう》にある「満月《まんげつ》」。ここは「阿闍梨餅《もち》」が美味しい。

ある日、健さんと珈琲《コーヒー》を飲みに行く途中、「旨《うま》いもの食べさせる」と言って立ち寄ったのが「満月」本店。

車を停め食べさせてくれたのが、出来たてアツアツの阿闍梨餅。

一口むしゃりと食べて、「旨し」と頰張る私。

モチモチ感のある生地は餅粉を卵などで練り合わせている。そこに丹波《たんば》大納言の粒あんを包み鉄板で焼いた半生の和菓子。

「阿闍梨餅は阿闍梨さんがかぶる網代笠《あじろかさ》をかたどったもの。厳しい修行のさなかに、餅を食べ飢えを凌《しの》いだことに由来している」
と健さんは話してくれた。
今でも無性に食べたくなって、時折取り寄せしている。

酒井雄哉大阿闍梨、右は健さん
平成 12（2000）年、比叡山飯室谷・不動堂にて

柔らかな光を放って

映画『鉄道員《ぽっぽや》』は、仕事一筋の人生を愚直に生き切る男の物語である。

当時、健さん六十八歳。

その撮影に入る前、私は一本のカセットテープを渡された。

その日はラジオ番組の打ち合わせで、帰りの車まで二人で並んで歩いていた時、「谷、これ！」と、突然のことだった。

私が「何ですか？」と尋ねると、

「俺の歌だよ。録音はしたけど、金にするつもりはない。

そう言ったらレコード会社の連中は困った顔をしていたよ」と笑った。

健さんの文字がカセットテープのラベルに記されている。

「対馬酒唄（ギター・バージョン）

一九九七年七月二日　二〇二スタジオ」

健さんのために書き下ろされた九州の男の歌で、渡されたのはレコーディング途中の「デモテープ」だった。

そして、

「大事に持っていてくれよ。俺が死んでから、みんなで聴いてくれ」

と言うのだ。

□

健さんの遺言歌『対馬酒唄』をみなさんに聴いて頂こうと強く思い立った時が、コロナの世界的な流行と重なっていた。

集いの計画が中止となり、幾度も電話を頂いたのが、健さんの弟分・俳優の小林稔侍《こばやしねんじ》さんである。

健さんとは東映ニューフェイスの先輩後輩の間柄だが、私生活でも親しく、何と五十年もの間、家族よりも長い時間を過ごしてきたという。

近況を尋ねれば、

「健さんから貰《もら》った本をそばに置いてあります。〝稔侍へ〟とサインされた、『柳生《やぎゅう》武芸帳』です」

この本は歴代の時代劇俳優たちのバイブル的な一冊である。

時は三代将軍家光《いえみつ》の時代、将軍家剣術指南役・柳生家に伝わる、それが世に出れば幕府の権威は失墜、再び戦乱の世に戻るほどの秘密が隠されているといわれる武芸帳を巡っての一大争奪戦。

名門の枠にはまりきらない異端児にして、剣術の達人、柳生十兵衛の活躍を描く歴史小説である。

「健さんはいつも本を読み、多くのことを学んでいましたねぇ。僕も倣《なら》わなければいけないと思ったんですよ。

でもね、健さん、自分にはこの本は猫に小判でさぁ。

はい、今もって反省しきりです」

ユーモアを交えながらも、健さんへの深い感謝が伝わってくる。

そしてあの『鉄道員』で見せた名調子で続けた。

「コロナが落ち着いたら、集まればいいよ。

健さんは、『時を待て。無理をするなよ』そう言ってますよ」

励ましの言葉をくださった。

□

令和五（二〇二三）年五月、コロナも落ち着きを見せ始めた。

再び『対馬酒唄』の公開を計画し、健さんが小学校四年生から高校卒業まで、青春時代を過ごした町、福岡県北九州《きたきゅうしゅう》市八幡西区《やはたにしく》香月《かつき》での集いが決まった。香月市民センターが市民講座として企画してくださったのだ。

昭和六（一九三一）年、「川筋《かわすじ》」と呼ばれる炭鉱町、福岡県中間《なかま》市に生まれた健さんは、男二人、女二人の四人兄妹の次男。

親族は小田家の菩提寺《ぼだいじ》・正覚寺《しょうがくじ》に「ファンが手を合わせられる場所を」と記念碑を建てた。

高さは台座を含め二・二メートル。碑には「寒青《かんせい》」の文字が本人の自筆で刻まれている。

「冬の厳しい中でも松は青々として生きている。自分もこのように生きたい」

健さんが大切にした言葉である。

私が寺を訪れた時も、供花と珈琲《コーヒー》缶で埋め尽くされていた。

講演当日。遠くは関東そして四国からも来られた方々を前に健さんとの想い出の三十年間をお話しすることができた。

そして『対馬酒唄』のデモテープを聴いて頂いた。

演奏はギター一本。爪弾《つまび》くギターの音色と、独特の低い歌声が会場に流れ、参加者はじっと耳を傾ける。

高いところからではあったが、笑い、そして目頭を押さえるお顔が並ぶ。

あたたかな集いであった。

その後、思い出の地を巡ってもらった。

訪れたのは、少年時代に相撲をとった聖福寺《しょうふくじ》。その寺は、当時健さんが住んでいた家の近くでもあった。

終戦の時、十四歳。健さんは、自身のエッセイで、終戦を告げる玉音放送（昭和二十年八月十五日）を香月のお寺で聞いた、と明らかにしている。

戦争はいきなり終わった。

（中略）

「天皇陛下の放送があるらしいばい」

全員で寺に走っていくと、ラジオから雑音だらけの音が流れていた。

僕には何を言っているのか聞き取れなかった。

「日本が戦争に負けたらしいばい」

と友だちが言った。

「えー、降参したとな？」

抜けるような青空を見上げ、真っ先に想った。

兵隊となっていた兄は無事なのか。

その後、何度となく味わった人生が変わる一瞬。諸行無常。

このときが初めての経験だったような気がする。

高倉健『少年時代』

少年時代の健さんと同じ風景に立ち、エッセイに綴られた文章が心を過《よぎ》る。


再び、健さんのお墓に向かった。

青空の飛行機雲が健さんの背なに踊る昇り竜のごとく伸びている。

「健さん、お帰りなさい」

私は飛行機雲を仰ぎ見る。


地元のファンの方が、持参したCDプレーヤーのスイッチをカチッ。

健さんが歌う『対馬酒唄』が境内に流れた。

♪男だってな

泣きたいときはよ
人肌恋しい
枕唄

俺が死んだらよ
桜の下によ
骨ば埋めて
花見してよ

曲の締めで、健さんは自らの最期をこう歌っていた。

私はこれまでの取材中に健さんの言葉を鳩尾《みぞおち》に納めてきた。その鳩尾の一番奥底にこの言葉があった。

「俺は親しい友の病む姿を見たくない。
自分の老いる姿、死にゆく姿も愛する人に見せたくない」

孤高が似合うスターは愛する人を誰一人として近づけずに旅立っていったのだった。

没後十年、いまも多くのファンを持つ健さんのお墓にも訪れる人が絶えない。

こうした著名人への墓参りを、昔から「掃苔《そうたい》」と呼んでいる。墓石の苔《こけ》を掃《はら》って先賢《せんけん》に思いを馳《は》せるのである。

残された者が己の心に向き合うためのその場所を、健さんはとてもやさしく、柔らかな光で、今も照らし続けている。

天晴《あっぱ》れというほかはない。

高倉健の源泉

この旅の最後に行きたい場所があった。遺作となった映画『あなたへ』。ラストシーンは、北九州市の門司港レトロ地区で撮影された。

関門海峡をバックに、前を見据えた健さんが港をゆっくり歩き続ける。やがてエンドロールへとつながるシーンだ。

その場所で海風に当たっていると、三十年間の本を介した交流が遠い夢のように思い出されてきた。

健さんは海を臨む場所が好きだった。幾度かご一緒させてもらった。

健さんの雑誌取材といえば、編集長からはいつも、「取材予算とギャラは、どのくらい用意すればいいですか？」と尋ねられた。私は事務所に問い合わせた。

「取材は少人数を希望していて、高倉自身が車を運転します。宿泊費はこちらで全て持ちます。お礼も特には要りません」

ある時、インタビュー場所をどうするか、あれこれ悩んでいると健さんから、「伊豆下田へ行こう！　俺の車で。運転は自分がするから」という夢のような話を切り出された。

当日、お付きの人もなく一人で港区乃木坂にある私の仕事場へ迎えに来てくれた。

「荷物はこれですか」と言うと、重い撮影機材の詰まったバッグをさりげなく担いで車へ運び入れた。

運転中の横顔にカメラを向けても嫌がるどころか、『網走番外地』や『唐獅子牡丹』の鼻唄さえ唄っている。

途中、パーキングで二回休憩した。野球帽を目深に被り、サングラスを掛けて車から降りる。身長一八〇センチはどうやっても目立つ。周りの人が立ち止まり、「えっ！　健さん」と驚いている。うつむき加減で戻ってきた健さんは、「誰にも気づかれなかったよ」と呟いた。

晴れ男の健さんのおかげでか、伊豆下田の海と空は真っ青。

伊豆下田への旅。健さんは「綺麗な海を見ながら行こう」と遠回りになる海岸線を走り続けた。昭和60（1985）年（撮影・渋谷典子）

到着したのは、いつも利用する隠れ家的なペンション。目の前は、誰もいないプライベートビーチ。

「提案があるんだけど……」

まっ白い歯を見せて切り出した話は、「今日はこの二人がお客さんですから、僕の部屋とチェンジしてください」

見晴らしのいいテラスがついた二階が私達。健さんの部屋はその真下となった。

二泊三日の取材を前に一つの約束事が暗黙のうちに決まる。

「いつも一人で過ごす休暇と同じにしていたい。散歩も自由時間も食事のメニューも」

健さんの「いつも通りの休暇」が始まった。

「珈琲は砂糖なし、ミルクたっぷりでお願いします」

私は健さんの部屋まで珈琲を届けた。窓からの海風が心地よい。ベッドを背にして伸ばした脚は窓際にまで届いている。

私は思わず、「この部屋、狭くないですか」

「そうかな。僕にはこれがあるから気にならないよ」

そう言うと読んでいた本を高く上げた。

「旅先に持ってくるのは本と、好きな映画のビデオだけ」

そして、健さんがよく使うフレーズが飛び出した。

「好きな本を読んで、ぐっと来るものがあれば、その旅は最高だよ」

三日間の滞在中、常に本に向かい、気になる内容にはページを捲る手を止め、静かに考える。

そして人気のない砂浜で、洗いざらした綿のショートパンツに、薄手の淡い色のポロシャツを着た健さんが水平線を眺めながらサイクリングを楽しんでいる。

もう慣れたもので、自転車も知らぬ間に借りてきていた。楽しくって仕方ない、そんな様子。

旅先でもウォーキングを欠かさない健さん、犬を散歩させる少女を見れば気軽に声を掛ける。

「おじさんはシェパードとか猟に行ける大型犬が好きなんだ。でも旅が多いから、飼えないんだよ」

少女は小さく頷いている。

夕食のひととき。のりの佃煮をリクエストして、おかわりの玄米をペロリ。水は常温のものしか飲まなかった。

旅先でベッドに入って本を数十ページ読み、そして眠る。

映画のため、自分のために読み続けることが高倉健の源泉だった。

おわりに

この数年、読書の方法は一変した。それまでは電車やバスの中、あるいはカフェが書斎代わりであったが、自室で読書に集中することが増えた。

夏の朝、少し早起きして本に向かっていると、窓の外から蟬の大合唱が聞こえてきた。

頭上の欅《けやき》の葉かげのあたりでにいにい蟬が鳴いている。

快さに文四郎は、ほんの束の間放心していたようだった。

そして突然の悲鳴にその放心を破られた。

藤沢周平《ふじさわしゅうへい》の時代小説『蟬しぐれ』の序盤の一節が浮かんでくる。

海坂《うなさか》藩の少年藩士である文四郎の若い日の恋心を軸に、藩の権力争い、側室とお世継ぎの問題、剣の修行そして立ちまわりと剣劇などが盛り込まれた青春小説。

主人公の文四郎が、隣家の娘おふくの蛇にかまれた指から毒を吸いとるという運命的な出来事から物語が動きだす。文四郎はその時十五歳、おふくは十二歳である。そのとっさの行為が生涯のちぎりを意味することを仄《ほの》めかす。

冒頭の「朝の蛇」からは三十年ほども過ぎ、文四郎とおふくは生涯たった一度の逢瀬《おうせ》で互いの秘めた恋心を伝えあう。

藩主に見出され側室となり子を産み、最後は尼になる決心をしたおふくと、心の中に思いをしまった文四郎は、蝉しぐれの降りしきるなか、それぞれの道を歩み出す。

「何が美しいかということ、金ではない、力でもない、まして物でもない。人が人を想う、これ以上に美しいものはない」

後年健さんは、この小説への心情を打ち明けていた。

□

映画における健さんの故郷は、やはり東映の東京撮影所である。

『動乱』（一九八〇年）以来十九年ぶりにその故郷に戻り『鉄道員』の撮影が行われた。
東京撮影所の坂上順《さかがみすなお》所長から、一通の手紙と原作本『鉄道員』が届けられたことが始まりだった。手紙には、かつて撮影所で健さんと苦楽を共にした活動屋（映画スタッフ）が定年間近になり、最後は健さんの作品に参加したいと切望していることが記されていた。
その想いに、健さんが応えた。

生きることは哀しいことだ。
そんな切なさを分かった上で、自分の仕事を黙々とこなす。
切ないほど一生懸命に生きている。そういう活動屋たちが、
現場にはたくさんいた。

身についた能の、高い低いはしようがねえ、
けれども、低かろうと、高かろうと、
精いっぱい力いっぱい、
ごまかしのない、嘘いつわりのない仕事をする、

おらあ、それだけを守り本尊にしてやって来た、

（山本周五郎『ちゃん』）


『鉄道員』の完成パーティの席で、僕はこの言葉を紹介した。だが、大勢の人が集まる席では、口下手で上がり性になるため、なぜこの言葉を朗読したのか上手く説明できなかった。

（中略）

この文章を最初に読んだとき、彼ら活動屋たちの顔が浮かんだ。活動屋たちの誠の気をいただき、僕は五十年間、走り続けてこられた。

高倉健『高倉健　想　俳優生活五〇年』

健さんのやさしさと気遣いの陰には、心の奥深いところに埋められない穴があったのではないだろうか。

以前、健さんが愛する人たちを喪《うしな》った悲しみを語ってくれたことがある。最愛の母が亡くなった時、撮影中で葬儀にも行けなかった。

その後悔はいつまでも消えることはなく、旅先には鞄《かばん》に母の写真を忍ばせ、部屋の一番よい場所に設《しつら》え、野の花を手向ける。探しても野の花がない街なかではお母さんが好きだった花を花屋で買い求めていた。

願わない離婚の果てに四十五歳で亡くなった妻の江利《えり》チエミさんの命日には、早朝、花とウイスキーを携えて墓前に向かった。チエミさんは黄色の花が好きだった。見る人にどこか希望を感じさせる色である。

誰にも見せなかったこうした〝独《ひと》り居《い》〟の時間。健さんは自らにそんな生き方を課してきたのだろう。

そして、その傍らに多くの人たちに読み継がれてきた本があった。

本の中にはさまざまな人たちが生きている。

「仕事で失敗した人」「大切な家族を亡くした人」「怒りで大声を出したい人」そして、「満たされない思いに心塞《ふさ》いでいる人」も。

けれども本はまた、教えてくれる。

今日はしんどくても懸命に生きていれば、いつかはきっと良いことが待っている、と。だから健さんはこれだと思った一冊を、ボロボロになるまで繰り返し読んだのではないか。

健さんから頂いた本には時に赤い線が引いてあり、たどりながら読み返している。あの頃の健さんと対話しているようで、そんな記憶が、ひょっこりと顔を出してくれる。そうした思いがけない再会もまた、読書の楽しみだろう。

そうだ、久しぶりに神保町《じんぼうちょう》の古本屋街へ足を運んでみようか。

令和六年八月

谷　充代

谷　充代（たに・みちよ）
ルポライター。1953年東京都生まれ。フリー編集者として白洲正子、三浦綾子などのルポルタージュを手がける傍ら、1980年代半ばから2000年代まで高倉健をめぐって様々な取材を重ねてきた。ラジオ番組をもとにした『旅の途中で』（高倉健、新潮社）のプロデュースを担当。著書に『「高倉健」という生き方』（新潮新書）、『高倉健の身終い』（角川新書）、『幸せになるんだぞ　高倉健　あの時、あの言葉』（KADOKAWA）がある。

高倉健《たかくらけん》の図書係《としょがかり》

名優《めいゆう》をつくった12冊《さつ》

谷《たに》　充代《みちよ》

2024年10月10日　初版発行

発行者　山下直久
発　行　株式会社KADOKAWA
〒102-8177　東京都千代田区富士見2-13-3
電話　0570-002-301（ナビダイヤル）
装丁者　緒方修一（ラーフイン・ワークショップ）
ロゴデザイン　good design company
オビデザイン　Zapp!　白金正之
印刷所　株式会社暁印刷
製本所　本間製本株式会社

角川新書

ISBN978-4-04-082515-1 C0295

KADOKAWAの新書 ✿ 好評既刊

基礎研究者
真理を探究する生き方

大隅良典
永田和宏

最短、最速で成果が求められ、あらゆる領域に「役に立つかどうか」の指標が入り込んでいる。基礎科学の最前線を走ってきた2人がそうした現状に警鐘を鳴らし、先が見えない世界を生きる私たちにヒントとなる新たな価値観を提示する。

ジャパニーズウイスキー入門
現場から見た熱狂の舞台裏

稲垣貴彦

盛り上がる「日本のウイスキー」を〝ブーム〟で終わらせないための課題とは――注目のクラフトウイスキー蒸留所の経営者兼ブレンダーが、ウイスキー製造の歴史から製造現場の実際、ムーブメントの最新情報までを現場目線でレポート。

潜入取材、全手法
調査、記録、ファクトチェック、執筆に訴訟対策まで

横田増生

潜入取材の技術はブラック企業対策にもなり、現代社会における強力な護身術となる。ユニクロ、アマゾン、ヤマト運輸、佐川急便からトランプ信者の団体まで潜入したプロの、レポート作成からセクハラ・パワハラ対策にまで使える決定版！

〈新訳〉ジョニーは戦場へ行った

ダルトン・トランボ
波多野理彩子（訳）

『ローマの休日』『スパルタカス』……歴史的名作を生んだ脚本家、トランボ。彼が第二次世界大戦中に発表し、反戦小説として波紋を呼んだ問題作、待望の新訳！ 感覚を失った青年・ジョーが闘争の果てに見つけた希望とは？ 解説・都甲幸治

「教える」ということ
日本を救う、［尖った人］を増やすには

出口治明

何をどう後輩たちに継承するべきか。「教える」ことの本質と課題を多角的に考察。企業の創業者、大学学長という立場から考え続け、実践してきた著者の結論を示す。各界専門家（久野信之氏、岡ノ谷一夫氏、松岡亮二氏）との対談も収録。

KADOKAWAの新書 好評既刊

無支配の哲学
権力の脱構成

栗原　康

〝自由で民主的な社会〟であるはずなのに、なぜまったく自由を感じられないのか？　この不快な状況を打破する鍵がアナキズムだ。これは「支配されない状態」を目指す考えである。現代社会の数々の「前提」をアナキズム研究者が打ち砕く。

二〇三高地
旅順攻囲戦と乃木希典の決断

長南政義

日露戦争最大の激戦「旅順攻囲戦」。日本軍は、なぜ失敗を繰り返しながらも、二〇三高地を奪取し、勝利できたのか。そのカギは、戦術の刷新にあった。未公開史料を含む、日記や電報、回顧録などから、気鋭の戦史学者が徹底検証する。

太陽の脅威と人類の未来

柴田一成

静かに見える宇宙が、実は驚くほど動的であることがわかってきた。たとえば太陽フレアでは、水素爆弾10万個超のエネルギーが放出され、1・5億km離れた地球にも甚大な影響を及ぼす。太陽研究の第一人者が最新の宇宙の姿を紹介する。

海の城
海軍少年兵の手記

渡辺　清

聳え立つ連合艦隊旗艦の上には、法外な果てなき暴力の世界が広がっていた。『戦艦武蔵の最期』の前日譚として、海戦史の余白に埋もれた、銃火なきもう一つの地獄を描きだす無二の戦記文学。鶴見俊輔氏の論考も再掲。　解説・福間良明

頼るスキル　頼られるスキル
受援力を発揮する「考え方」と「伝え方」

吉田穂波

困った時、あなたに相談相手はいますか？　助けを求めることができる力（受援力）は〝精神論〟でも〝心の持ちよう〟でもありません。若手社員から親、上司世代まで、「助けてと言えない日本人」に必須のスキルの具体的実践法を解説。